HOWARD SASPORTAS

Beruf und Berufung im Horoskop

Standardwerke der Astrologie

HOWARD SASPORTAS

Beruf und Berufung im Horoskop

*Aus dem Englischen
von Sabine Bends*

CHIRON VERLAG

ISBN 978-3-89997-138-5

Deutsche Erstausgabe
Übersetzung: Sabine Bends
Titel der Originalausgabe «Direction and Destiny in the Birth Chart»
© der englischen Ausgabe The Estate of Howard Sasportas 1998
© der deutschen Ausgabe Chiron Verlag, 2006

Umschlag: Walter Schneider
Umschlagfoto © Mauritius Images
Die Horoskop-Grafiken wurden mit der Astrologie-Software
SARASTRO von Fraiss Software (www.sarastro.at) erstellt.

Druck: Finidr, Český Těšín

Zu beziehen durch den Buchhandel oder direkt beim
Chiron Verlag, Postfach 1250, D – 72002 Tübingen

Inhalt

Berufung als ein innerer Ruf[1]

Lassen Sie mich Ihnen zu Beginn des Seminars die Definition für das englische Wort »vocation« (deutsch: Beruf, Berufung) geben, die ich im *Concise Oxford Dictionary* gefunden habe. Dort heißt es: »Ein göttlicher Ruf nach oder das Empfinden einer Eignung für eine Karriere oder Betätigung.« Da steht doch tatsächlich das Wort »göttlich«. Und es werden Beispiele gegeben: »Er fühlte sich nicht berufen, zum Ministerium zu gehen.« »Sie hatte nie das Gefühl einer Berufung.« »Er ist nicht gerade für die Literatur berufen.« Dann steht hier auch noch eine zweite Bedeutung – die üblichere, würde ich sagen –, nämlich: eine Beschäftigung oder ein Beruf. So könnte man beispielsweise sagen: »Einige Berufe sind überlaufen« oder »mit diesem Beruf kann man nicht viel Geld verdienen.«

Das Wort »vocation« stammt von dem lateinischen Substantiv *vocatio* ab, welches »Ruf« oder »Aufforderung« bedeutet. Während meiner Schulzeit bekam ich in der neunten Klasse eine Auszeichnung als bester Lateinschüler. Heute kann ich kaum noch ein Wort Lateinisch. Das Gleiche ist mir nochmals beim Astrologiestudium passiert – ich habe meine Sache in Astronomie ziemlich gut gemacht, dabei hatte ich alles nur für die Prüfung auswendig gelernt und am nächsten Tag schon wieder vergessen. Aber zumindest kann ich Ihnen den Begriff *vocatio* er-

1 Dieses Seminar fand am 7. Juli 1991 im Regents College in London als Teil der Frühjahrskurse des Zentrums für Psychologische Astrologie statt.

läutern. Er kommt von dem Verb *vocare*, was so viel wie »rufen« bedeutet. Vieles von dem, worüber ich heute sprechen will, hat mit diesem Begriff des Rufes zu tun. Auch im Wörterbuch wird er aufgegriffen. Eine Berufung kann als ein Ruf Gottes verstanden werden, etwas zu tun, oder besser gesagt, als ein Ruf unseres tieferen Selbst. Worauf ich hinaus will ist, dass ich der Überzeugung bin, dass unsere wahre Berufung etwas mit dem Ausdruck dessen zu tun hat, was sich in uns befindet. Es hängt mit unserem Innenleben zusammen.

Ich würde die Berufung als eine Aufforderung unseres tieferen Selbst bezeichnen, als einen Ruf in uns, durch den wir veranlasst werden, uns durch einen bestimmten Dienst oder eine bestimmte Arbeit auszudrücken. Ich glaube, Sie alle wissen, was ich mit einer Aufforderung des Selbst meine. So wie ich es verstehe, hat dies mit dem Sanskrit- oder Hindu-Begriff *Dharma* zu tun. Das ist nicht das Gleiche wie *Karma*, auch wenn Karma in Fragen der Berufung mit hineinspielt. Dharma hat etwas mit dem Muster unseres Lebens zu tun, damit, wer wir sind. So ist es das Dharma einer Fliege zu summen, das Dharma eines Löwen zu brüllen, das Dharma eines Künstlers, etwas zu erschaffen. Manchmal trifft man auch auf Fliegen, die versuchen zu brüllen, oder Löwen, die versuchen zu summen, aber es geht wohl im Grunde darum, dass jeder von uns versucht, sein eigenes Muster zu finden – der Teil in uns, der sich zu dem entfalten will, was wir sein sollen – und darum, dass wir es dann verwirklichen. Der heilige Augustinus sagte: »Da ist ein Ich in mir, das mehr ich selbst ist als ich selbst.«

Ich weiß, dass ich auf diesem Punkt gerade ein wenig herumreite. Aber wenn man das Thema Berufung auf diese Art und Weise versteht, dann geht es dabei mitnichten um das reine Geldverdienen. Auch nicht darum, Anerkennung oder Ansehen zu erlangen, sich einen Status zu erwerben oder Mama und Papa zu zeigen, wie wichtig und bedeutend man ist. Es ist mehr als lediglich ein Versuch, etwas Nützliches zu tun oder sich irgendwie zu beschäftigen. Was sagt man von Workaholics? Ein

Workaholic versucht durch Arbeit einen Sinn zu finden. Ein Mensch mit einer Berufung jedoch findet eine sinnvolle Arbeit. Und das ist ein Unterschied. Workaholics versuchen ihrem Leben durch Arbeit Struktur und Bedeutung zu verleihen, häufig deshalb, weil sie die Beschäftigung brauchen, um sich nicht ihrer schrecklichen Depression oder anderen Zuständen stellen zu müssen, denen sie ausgeliefert wären, würden sie aufhören zu arbeiten. Aus diesem Grunde versuchen sie, ihrem Leben durch Arbeit einen Sinn zu geben. Doch ein Mensch mit einer Berufung sucht nach sinnvoller Arbeit.

Innen und außen

Wenn wir Berufung als Aufforderung oder Ruf unseres innersten Selbst verstehen und wenn es Teil unseres Dharma oder Lebenssinns ist, unsere Berufung zu finden, dann sprechen wir über Berufung als einer Verbindung zwischen unserem inneren Selbst und dem, was wir in unserem äußeren Leben tun. Eine der Arten, wie ich das 6. Haus und das Zeichen Jungfrau verstehe, ist, dass sie den Prozess widerspiegeln, die äußeren Formen unseres Lebens so weit wie möglich zu einer getreuen Abbildung dessen zu machen, was wir innerlich sind. Es handelt sich um das Zusammentreffen von außen und innen – indem wir die äußeren Strukturen zu einem möglichst genauen Spiegel dessen machen, was wir innerlich sind. Das bedeutet, dass die Arbeit, die man verrichtet, eine wirkliche Spiegelung der inneren Essenz, des eigenen Wesens, des eigenen Mythos, der Götter und Göttinnen sein müssen, die die wichtigste Rolle in unserer inneren Welt spielen. Ja, es geht sogar darum, dass die Art, wie wir uns kleiden oder wie unser Zuhause aussieht, ein wirkliches Abbild unseres Wesens ist.

Wenn wir das Zeichen Jungfrau und das 6. Haus interpretieren, dann haben wir es mit der Definition eines Individuums, einer einzigartigen Persönlichkeit zu tun, die über diesen oder jenen Charakterzug verfügt, nicht über einen anderen, die die Welt auf ihre ganz bestimmte Weise betrachtet und nicht anders. Wir definieren uns selbst sowohl darüber, was wir nicht sind, als auch darüber, was wir sind, und wenn wir zur Jungfrau oder zum 6. Haus gelangen, dann nehmen wir die Feinabstimmungen vor.

Ich glaube, dieser Prozess bedarf ständiger Anpassungen. Richard Idemon nannte das 6. Haus »das Haus der Reparatur und Wartung«. Dieser Begriff vermittelt den Grundgedanken, dass man die äußeren Formen seines Lebens immer wieder anpassen muss, wenn man sich verändert oder neue Dinge in sich selbst entdeckt. Sobald man einen Durchbruch erzielt oder eine tief greifende Veränderung durchläuft oder ein Teil von einem zum Vorschein kommt, mit dem man zuvor nicht in Verbindung stand, dann muss man die Arbeit, die man verrichtet diesen Veränderungen möglichst anpassen, wenn man im Sinne des 6. Hauses handeln will. Vielleicht möchte man die Farben verändern, die man trägt, oder sein Zuhause neu gestalten, um das, was innerlich in einem entsteht, äußerlich besser zur Geltung zu bringen. Das ist die wahre Bedeutung von innen und außen. Alles, was ein Äußeres hat, hat auch ein Inneres. Wie Marilyn Ferguson in *Die sanfte Verschwörung* schreibt: »Unsere wahre Berufung ist es, wir selbst zu sein.«[2] Das bedeutet, der zu sein, der man ist, nicht mehr und nicht weniger. Es gibt eine chassidische Geschichte über einen jüdischen Rabbi namens Rabbi Suscher. Er sagte: »Wenn ich in den Himmel komme, dann werden sie mich nicht fragen: ‹Warum warst du nicht Moses?› Sie werden mich vielmehr fragen: ‹Warum warst du nicht Rabbi Suscher? Warum bist du nicht das geworden, was nur du werden konntest?›«

Dies wird auch auf andere Art und Weise beschrieben. Es gibt ein Zitat von einem existenzialistischen Denker namens Paul Tilly, und das lautet ungefähr so: »Das Wesen wird dem Men-

2 Marilyn Ferguson, *Die sanfte Verschwörung*, Droemer Knaur, 1984.

schen nicht nur verliehen, es wird von ihm gefordert. Der Mensch ist aufgerufen, sich zu dem zu machen, was er werden soll, sein Schicksal zu erfüllen.« Hierbei handelt es sich um ein ziemlich bedeutungsvolles Zitat, in dem eine Menge drinsteckt. Es bedeutet, dass wir ein Wesen erhalten, dass wir eine Essenz bekommen, ein inneres Naturell; und obwohl dieses Wesen, dieses Sein in der Tiefe das gleiche ist wie dein Wesen, dein Sein, spiegelt doch jeder von uns als Individuum einen ganz bestimmten Aspekt des Göttlichen wider, ein Gesicht des großen Kosmos. Alle Gesichter zusammen ergeben ein Ganzes. Wenn wir das werden, was wir werden sollen, dann erfüllen wir unser Schicksal. Das bedeutet, dass da ein wenig Verantwortung mit im Spiel ist, ein wenig Willen zur Verwirklichung, Willen, sich bewusst zu werden und die Wahl zu treffen, in das hineinzuwachsen, was man werden soll. Man kann nicht nur einfach dasitzen und erwarten, dass es von selbst geschieht. Das tiefere Selbst hat auch eine aktive Komponente.

Ich versuche, den Unterschied zwischen einem Job bzw. einer Karriere und der Berufung zu definieren, die ein Ruf unseres tieferen Selbst ist. Natürlich brauchen Menschen teilweise Jobs oder Tätigkeiten, um Geld zu verdienen oder um etwas Sicherheit im Leben zu erfahren. Das ist nicht unbedingt das, was sie als ihre wirkliche Berufung empfinden. Ich habe mich mit vielen Fragen zum Thema Berufung beschäftigt, von denen einige sicherlich kaum zu beantworten sind. Nun möchte ich mit Ihnen einen Blick auf die traditionellen Signifikatoren für das Thema Berufung werfen – die immer gleichen, traditionellen astrologischen Signifikatoren, die wir in der Literatur finden. Dies sind im Wesentlichen die Erdhäuser – das 2., 6. und 10. Haus. Dann möchte ich unseren Blick etwas öffnen und darüber sprechen, wie uns im Grunde unser ganzes Horoskop darüber Auskunft gibt, was unsere Berufung ist, nicht nur das 2., 6. und 10. Haus.

Das ganze Horoskop ist ein Hinweis auf unsere Berufung, so wie auch das ganze Horoskop Auskunft über unser physisches

Erscheinungsbild gibt. Einige Astrologen sagen, der Aszendent und der Geburtsherrscher oder das MC und sein Herrscher würden bestimmen, wie wir aussehen. Ich bin davon überzeugt, dass wir alles in unserem Horoskop physisch verkörpern, so wie ich auch davon überzeugt bin, dass wir bei unserer wirklichen Berufung alles in unserem Horoskop verkörpern. Um die wahre Berufung eines Menschen herauszufinden, braucht man so viele Komponenten eines Horoskops wie möglich, nicht nur das, was im 10. Haus steht, oder die Fähigkeiten, auf die im 6. Haus hingewiesen wird, oder das, womit man im 2. Haus Geld verdienen kann. Um die wahre Berufung zu finden, muss man die Götter finden, auf die man reagiert, die Götter in sich, die am wichtigsten für einen sind, die Mythen, die einem laut Horoskop am meisten zu sagen haben. Man muss einen Weg finden, diese Mythen auszuleben, um das zu sein, was man ist.

Das Sonnenzeichen

Betrachten wir als Erstes das Sonnenzeichen. Hier möchte ich gerne im grundlegenden Bereich, an der Basis bleiben. Ich habe das Gefühl, dass man, um erfüllt zu sein, um sich ganz und mit sich selbst wohl zu fühlen, wirklich die konstruktiven Eigenschaften des eigenen Sonnenzeichens ausdrücken, manifestieren und ausstrahlen muss. Wenn jemand zu einer Beratung zu mir kommt und ich sein oder ihr Sonnenzeichen nicht wahrnehmen kann, dann bin ich nicht glücklich damit. Handelt es sich zum Beispiel um einen Wassermann, der sehr subjektiv und emotional ist und wenig Objektivität oder Perspektive an den Tag legt, dann bin ich nicht glücklich, weil das Sonnenzeichen meiner Ansicht nach der Faktor im Horoskop ist, der dem inneren Selbst am nächsten kommt. Wenn man dies nicht lebt, dann ist man nicht der, der man ist. Der Philosoph Kierkegaard sagt: »Die häufigste Form der Verzweiflung ist es, nicht der zu sein, der man ist.« Eine noch tiefere Form der Verzweiflung entsteht, wenn man versucht, jemand anderes zu sein als man ist. Ich verwende das Sonnenzeichen hierbei nur als ein Beispiel – es ist nicht das Einzige, was wir uns anschauen müssen –, aber ich weiß, dass wir unser Sonnenzeichen entwickeln müssen.

Ich glaube nicht, dass man das eigene Sonnenzeichen von Geburt an ausdrückt. Das Sonnenzeichen wird uns verliehen, aber zugleich auch von uns gefordert. Ich stimme nicht mit der Art von Sonnenstandsastrologie überein, die sagt: »Wenn Sie ein Widder sind, dann sind Sie dynamisch und durchsetzungsstark«, oder »Wenn Sie ein Zwilling sind, dann können Sie sich gut mitteilen.« Ich glaube eher, dass die Aufgabe darin besteht, die Qualitäten unseres Sonnenzeichens ständig weiterzuentwickeln, zu verbessern und zu manifestieren. Meiner Ansicht nach ist die Grundannahme von der vereinfachten Sonnenzeichen-Interpretation falsch. Bei mir würde eine Sonnenzeichen-Kolumne wie folgt lauten: »Wenn Sie ein Widder sind, dann besteht Ihre Aufgabe in diesem Leben darin, abenteuerlustiger zu werden und sich selbst mehr Ausdruck zu verleihen, ganz gleich, was andere Leute von Ihnen denken. Und wenn Sie ein Zwilling sind, dann sind Sie nicht unbedingt von Anfang an ein guter Gesprächspartner oder jemand, der eine objektive Beobachtungsgabe hat. Aber Sie müssen diese Fähigkeiten entwickeln. Das sind die Dinge, die Sie hier lernen und mit denen Sie sich beschäftigen möchten.«

Wenn Sie mit der Sonne im 7. Haus geboren werden, dann bedeutet das nicht, dass Sie ganz automatisch gut im Beziehungsleben sind. Es bedeutet nur, dass Sie den Beziehungsbereich besonders erkunden müssen, wenn Sie herausfinden wollen, wer Sie sind. Ich glaube nicht, dass wir jemals mit der Sonne fertig werden – sie will immer noch mehr scheinen. Jemand mit der Sonne im 7. Haus ist womöglich sehr gut darin, Beziehungen zu pflegen, aber er denkt vielleicht immer noch: »Ich könnte noch besser sein. Da ist noch mehr, was ausgestrahlt werden will, da sind immer noch Wolken, die meine Sonnenkraft trüben.« Jemand mit der Sonne im 5. Haus ist möglicherweise recht kreativ, hat aber immer noch das Gefühl, er könnte noch kreativer sein, denn es ist, als müsste man mit Drachen kämpfen, um all das loszuwerden, was einen daran hindert, das zu sein und auszustrahlen, was man ist.

Ich benutze die Sonne hier lediglich als Beispiel. Worum es mir wirklich geht, ist, dass wir hier sind, um zu dem zu werden, was wir werden sollen, um unser Schicksal zu erfüllen. Und da die meisten von uns so viel Zeit bei der Arbeit verbringen müssen, warum sollten wir da nicht direkt einen Job oder eine Arbeit oder einen Beruf oder eine Berufung finden, der dazu geeignet ist, die positiven und konstruktiven Eigenschaften unseres Sonnenzeichens zum Vorschein zu bringen, anstatt uns selbst in eine Form zu zwängen, die nicht unsere ist? Wenn Sie ein Zwillingsmensch sind und Bewegung und Veränderung brauchen, warum sollten Sie sich dann eine sitzende Tätigkeit aussuchen, die ein Stier besser erledigen könnte als Sie? Sie verstehen sicherlich, worauf ich hinauswill.

Zuerst möchte ich allerdings über die traditionellen Signifikatoren sprechen, bevor ich darauf eingehe, wie ich persönlich ein Horoskop auf das Thema Berufung hin untersuchen würde, weil die traditionellen Signifikatoren auch ihren Wert haben. Sie haben eine absolute Berechtigung für ihren Geltungsbereich, wie Sie sehen werden, wenn wir über die Erdhäuser sprechen.

Mythen, die uns am nächsten stehen, die Götter und Göttinnen, die uns am meisten zu sagen haben, können sich auch zu bestimmten Zeiten unseres Lebens wandeln. Die Wiederkehr des Saturn ist ein Lebensabschnitt, in dem häufig eine Motivationsveränderung stattfindet. Die Midlife-Crisis ist ebenfalls solch eine Lebensphase. Unsere Mythen verändern sich. Wir selbst verändern uns, zum Beispiel von einem Zeus-Typus, der Macht ausüben möchte, in einen Dionysus-Typus, der einen Job braucht, in dem er oder sie sich emotional angesprochen und leidenschaftlich herausgefordert fühlt, und Macht überhaupt kein Thema mehr ist. Dinge verändern sich, und das zeigt sich im Allgemeinen in Form von Transiten und

Progressionen, die Neues im Horoskop zum Vorschein bringen.

Als ich in den Vorbereitungen für dieses Seminar steckte, dachte ich an alle möglichen Fragen, die mir von Klienten des Öfteren gestellt werden. Aber bevor ich mich der Astrologie zuwende, möchte ich einige ganz grundlegende Fragen an Sie stellen. Viele davon sind sicherlich nicht leicht zu beantworten. Ist das Thema »Berufung« etwas, das in jedem Menschen schlummert? Warum verspüren einige Menschen einen Ruf bzw. einen Drang oder eine Aufforderung von Gott oder ihrem wahren Selbst, eine bestimmte Aufgabe zu übernehmen? Warum geht es anderen Menschen nicht so? Warum wissen einige Menschen von klein an bereits, was sie tun wollen? Sie wissen genau, welchen Weg sie gehen wollen. Sie wissen bereits im Alter von sechs oder sieben Jahren, dass sie Arzt oder Künstler oder Lehrer werden wollen – sie wissen es einfach von Anfang an. Andere Menschen wiederum sind bereits in ihren Vierzigern oder sogar Fünfzigern und fragen sich immer noch: »Was genau soll ich tun?« Oder sie glauben, dass sie völlig daneben liegen.

Wie sichtbar ist die Berufung?

Lassen Sie mich hier einige astrologische Gedanken einfügen. Ich bin davon überzeugt, dass das Thema Berufung in manchen Horoskopen deutlicher im Vordergrund steht als in anderen, insbesondere im Hinblick darauf, öffentlich wir unserer Berufung machen. Ich auf etwas ganz Bestimmtes hinaus. Sie wissen, dass das 10. Haus am höchsten Punkt im Horoskop steht – der am besten sichtbare Teil des Himmels. Wenn Sie Planeten im 10. Haus haben, dann ist das Thema Berufung mit Sicherheit ein wichtiges Thema für Sie, da Sie mit Planeten in diesem Haus das Bedürfnis haben, bei etwas Speziellem, das Sie tun, wahrgenommen zu werden.

Auch ohne Planeten im 10. Haus kann unsere Berufung

durchaus wichtig für uns sein, nur brauchen wir möglicherweise nicht das gleiche Maß an Öffentlichkeit. Es reicht einem dann womöglich aus, der Berufung am Küchentisch nachzugehen, etwa wenn Freunde zu Besuch kommen, wenn Sie verstehen, was ich meine. Man kann seiner Arbeit ja auch auf eine ganz private Art und Weise nachgehen. Seine Berufung kann man innerhalb der Familie ausleben, das muss nicht öffentlich geschehen. Planeten im 10. Haus oder ein betonter Herrscher des MC verlangen allerdings Sichtbarkeit. Sie können durchaus ein leeres 10. Haus haben, aber einen stark gestellten MC-Herrscher – beispielsweise einen Einzelgängerplaneten oder auch einen stark aspektierten Planeten. Dann wird Berufung wichtig, weil man dabei gesehen werden möchte. Man muss seiner Tätigkeit öffentlich nachgehen.

Eine Person mit vielen Planeten im 6. Haus hat vielleicht ein Gespür für ihre Berufung, aber diese muss nicht zwangsläufig öffentlich stattfinden. Er kann allein in seinem Kämmerchen sehr glücklich über seiner Arbeit sitzen. Oder jemand mit Planeten im 12. Haus leistet möglicherweise ganz hervorragende Arbeit, ist aber völlig damit zufrieden, dies hinter den Kulissen zu verrichten. Diese Menschen müssen bei ihrer Tätigkeit nicht im Rampenlicht stehen, sie bevorzugen es vielleicht, im Hintergrund zu bleiben. Wir können auch jemanden mit einem vollbesetzten 4. oder 5. Haus betrachten, was bedeutet, dass das, was dieser Mensch tut, um sich auszudrücken, etwas sehr Persönliches ist. Er lebt seine Berufung vielleicht zu Hause aus oder ist kreativ aus reiner Freude am Kreativsein, und nicht, weil er es mit anderen teilen möchte. Das kann auf eine Art auch eine Berufung sein, aber es ist nicht die Berufung, die man mit einer öffentlichen Position in Verbindung bringen würde.

Berufung und Reinkarnation

Einige dieser Gedanken zum Thema Berufung werfen andere Fragen auf, zum Beispiel diejenige, die ich Ihnen eben gestellt habe: Warum wissen einige Menschen bereits in jungen Jahren so genau, was sie wollen? Viele Leute haben die Fähigkeiten, das zu tun, was sie gern tun wollen, und wissen es auch, schaffen es jedoch niemals, die rechte Gelegenheit dafür zu finden. Warum nicht? Wenn Sie mit der Theorie von Karma und Reinkarnation etwas anfangen können, dann finden Sie womöglich ein paar ganz brauchbare Antworten auf diese Fragen. Im Grunde ist das absolut großartig, denn man benötigt lediglich ein bisschen Intuition, und schon findet man Antworten auf diese Fragen, vorausgesetzt man glaubt an Karma und Reinkarnation. Ich möchte Ihnen noch eine weitere Frage dazu stellen. Wenn jemand im Alter von fünf oder sechs Jahren bereits weiß, was er oder sie einmal tun möchte, oder im Alter von acht oder neun Jahren ein besonderes Talent an den Tag legt, wie würden Sie das im Hinblick auf Reinkarnation erklären?

TeilnehmerIn: Er oder sie hat das schon einmal gemacht.

Howard: Ja. Dieser Mensch hat bereits an der Entwicklung dieser Fähigkeit gearbeitet. Und zwar in einem anderen Leben.

TeilnehmerIn: Und er wurde dabei unterbrochen.

Howard: Er ist damit nicht so weit gekommen wie er wollte, deswegen kommt er in dieses Leben mit einer Menge Vorerfahrung in diesem Beruf, dieser Berufung. Vielleicht hat er es in einem vorherigen Leben nicht ganz verwirklichen können, aber er hat zumindest so viel dazu beigetragen, dass er es jetzt endlich aufnehmen kann und eine hervorragende Arbeit leistet. Er oder sie hat sich darauf vorbereitet, und genau das könnte der Grund dafür sein, dass es diesem Menschen von Anfang an so klar ist, was er werden möchte. Er hat sich schon in anderen Leben darauf zu bewegt. Die Seite meines Steinbock-Aszendenten findet das sehr bestärkend und schön.

Nehmen wir einmal an, dass Sie einer Arbeit nachgehen, zu der Sie sich nicht wirklich berufen fühlen. Irgendwann gehen Sie dann in den Ruhestand oder werden älter und beginnen, mehr Zeit Ihres Lebens den Dingen zu widmen, die Sie wirklich interessieren und faszinieren, wie zum Beispiel Gärtnern oder Astrologie oder eine therapeutische Arbeit. Aber sie fangen eben spät damit an. Wenn man etwas zu einem späten Zeitpunkt im Leben beginnt, ist es sehr unwahrscheinlich, dass man es darin zu etwas Herausragendem bringt. Man hat einfach nicht genug Zeit, ausreichend Erfahrung damit zu sammeln, um es in diesem Bereich zur Meisterschaft zu bringen.

Aber es ist dennoch keine Zeitverschwendung. Deswegen mag ich diesen Gedanken so sehr – es ist keine Zeitverschwendung, weil wir bereits damit angefangen haben, und wenn wir das nächste Mal inkarnieren, dann haben wir schon ein wenig Vorsprung. Schon der Glaube an diese Theorie kann sehr hilfreich sein. Falls einige von Ihnen das Gefühl haben, nicht so ein guter Astrologe zu sein wie Sie gerne wären, nicht so eine gute Künstlerin oder Therapeutin oder was auch immer, dann bedeutet das noch lange nicht, dass dies nicht das Richtige für Sie ist. Es könnte einfach nur heißen, dass Sie sich sozusagen noch in der Lehre befinden und dass es in diesem Leben darum geht, sich die notwendigen Fähigkeiten und die Übung anzueignen und dass Sie beim nächsten Mal bereits mit diesem Wissen auf die Erde kommen. Das nennt man auch das Kontinuitätsprinzip des Karma, denn das ist die schöne Seite von Karma. Nicht die Seite der Vergeltung. Sie kommen mit den Fähigkeiten, die Sie bereits entwickelt haben, wieder hier an und können deswegen vielleicht schon in jüngeren Jahren mehr vollbringen und im Hinblick auf Ihre Berufung mehr erreichen, da Sie schon in der Vergangenheit etwas dazu beigetragen haben.

Dann ist da noch die Frage: »Warum sind einige Menschen so

verwirrt, sobald es um ihre Berufung geht?« Dafür kann es verschiedene Gründe geben. Auch hier spreche ich wieder über Karma und Reinkarnation, und Sie müssen den Gedanken schon akzeptieren können oder zumindest offen dafür sein, damit meine Antworten einen Sinn ergeben. Ich beziehe mich dabei auch auf die Arbeit von Edgar Cayce und auf ein Buch, das von einer seiner Schülerinnen geschrieben wurde. Dieses Buch heißt *Edgar Cayce – Erregende Zeugnisse von Karma und Wiedergeburt*[3] und die Autorin ist Gina Cerminara. Es ist ein sehr gut lesbares, inspirierendes Buch über Cayces Wirken, und es gibt ein Kapitel mit dem Titel »Karmische Ursache der Berufseignung«. Cayce wird darin über Leben zitiert, in denen man sich beruflich umorientiert. Das bedeutet, dass man eine Reihe von Leben gelebt hat, in denen man sich einem bestimmten Beruf in aller Ausführlichkeit gewidmet hat. Der Gedanke, der dahinter steht, ist der, dass wir viele verschiedene Dinge ausprobieren müssen, bevor unsere Seele wieder mit dem großen Geist verschmelzen kann.

Vielleicht muss man in einer Inkarnation ein Wissenschaftler sein und in einer anderen Inkarnation eher eine kreativeren Tätigkeit ausüben. Oder man muss einer handwerklichen Tätigkeit nachgehen und dann wieder einer eher geistigen. Ausprobieren müssen wir alles. Wahrscheinlich muss man auch einmal ein indianischer Ureinwohner sein und im nächsten Leben ein Eskimo. Also auch hier muss man alles ausprobieren. Wenn man also einen Weg der Berufung ganz zurückgelegt hat, dann inkarniert man möglicherweise in ein Leben, in dem man verschiedene Wege erkundet, um das zu entdecken, womit man sich als Nächstes beschäftigen möchte. Man befindet sich vielleicht in einem Leben beruflicher Neuorientierung, was bedeutet, dass es nicht Teil der eigenen Aufgabe ist, es in einem bestimmten Beruf zu einer Meisterschaft zu bringen oder darin

3 Gina Cerminara, *Edgar Cayce – Erregende Zeugnisse von Karma und Wiedergeburt*, Darmstadt 2005.

erfolgreich zu werden. So experimentiert man eventuell mit verschiedenen Berufen herum, um zu schauen, was sich für später herauskristallisiert.

Neben einer philosophischen Betrachtung gibt es auch noch andere Interpretationsmöglichkeiten dieser Themen. Wir können psychologische Gründe für Probleme im Zusammenhang mit Berufsfragen finden und uns die tiefer liegenden Ursachen dafür anschauen, warum jemand nicht die richtige Arbeit für sich findet. Es kann sich um ein Familienthema handeln, worüber ich gleich noch sprechen will. Jetzt unterbreite ich Ihnen einfach nur eine Palette möglicher Betrachtungsweisen. Es wird gleich interaktiver. Ich teile Ihnen im Augenblick alle Fragen mit, die mir bei der Vorbereitung dieses Seminars in den Sinn kamen.

Es könnte auch sein, dass wir aufgrund unserer früheren Beschäftigungen über zu viele Talente verfügen und dass wir nicht wissen, worauf wir uns konzentrieren sollen. Wir werden von etwas angezogen, weil es uns leicht fällt, und dann zieht uns wieder etwas anderes an. Das ist dann fast so etwas wie ein Zwillings- oder Schütze-Thema. Vielleicht hat man Angst, die Wahl zu treffen, denn wenn man sie trifft, was ist dann mit all den anderen Sachen, die man verpasst? Wenn man sich nicht auf einen Beruf festlegt, ist es also auch möglich, dass man über zu viele Talente verfügt und sich nicht entscheiden kann. Auf einer psychologischen Ebene würde ich mit diesem Thema wahrscheinlich in der Form arbeiten, dass ich es als Angst vor Festlegung interpretieren würde, denn ich denke eher psychologisch. Der Grund dafür, warum einige Menschen es niemals wirklich in einem Bereich schaffen, den sie als ihre Berufung empfinden, oder zuweilen noch nicht einmal sagen können, was ihre Berufung überhaupt ist, könnte darin liegen, dass sie Angst haben, sich zu einer Sache zu verpflichten. Diese Angst vor Verpflichtung kann auch der Grund sein, warum dieser Mensch keine Beziehung eingeht. Das Thema Angst vor Verpflichtung ist ein Aspekt dessen, was Liz Greene den *puer aeternus* nennen würde, den ewigen Jüngling, der nicht in der Welt der Materie gefangen werden will.

Dann gibt es noch einen weiteren Unterschied zwischen der Berufung – einem Ruf des tieferen Selbst – und einem Beruf. Es gibt Beispiele, wo die Berufung, der Drang danach, eine bestimmte Art von Arbeit zu tun, sehr stark sein kann, es für den Betreffenden aber finanziell nicht machbar ist. »Ich möchte gern Astrologin werden, aber ich kann damit nicht genug Geld verdienen, um davon zu leben – selbst wenn ich weiß, dass es das ist, was ich gern tun möchte.« Auch das Gegenteil davon kann passieren. Sie könnten z.B. etwas tun, was finanziell sehr lohnenswert ist, etwas, womit Sie genug Geld verdienen, um Ihre Miete zu zahlen und auch noch Geld übrig bleibt, sodass Sie jedes Jahr in Urlaub fahren können, was aber nicht wirklich erfüllend ist.

Solche Fragen werden uns natürlich auch als Astrologen gestellt. Es kommt jemand zu Ihnen, sehr häufig um den Zeitraum der Wiederkehr des Saturn herum, manchmal auch im Alter von 35 Jahren, wenn Saturn im Quadrat zum Radix-Saturn steht, und noch häufiger um die Lebensmitte herum. Der Klient oder die Klientin fragt dann vielleicht: »Soll ich meine materielle Sicherheit aufgeben, um meiner Berufung nachzugehen? Soll ich alles, was mir Halt gibt, loslassen und das tun, was wirklich meinem Herzenswunsch entspricht?« Und ich muss zugeben, dass ich darauf nicht immer einheitlich antworte. Manchmal sage ich: »Ja, Sie müssen Ihrem Herzen folgen.« Joseph Campbell sagte schon: »Folgen Sie Ihrem Herzen«. Ich weiß nie so ganz genau, was das bedeutet, denn mein Herz möchte mich zu hunderten von Dingen führen. Ein anderes Mal bin ich mir nicht mehr so sicher, ob man wirklich seinem Herzen folgen sollte. Dann neige ich dazu zu sagen: »Behalten Sie Ihren Job, behalten Sie das, was Ihnen Sicherheit gibt, aber schaffen Sie etwas mehr Raum in Ihrem Leben, etwas mehr Zeit, damit Sie Ihrer Berufung in Ihrer Freizeit nachgehen können, zumindest für den Anfang.«

Wir können diesbezüglich auch einen Blick auf die Themen des 5. Hauses werfen. Das 5. Haus hat mit den Dingen zu tun, die unser Herz singen lassen, und es ist auch das Haus, das wir mit Hobbys und Freizeitvergnügungen verbinden. Wenn Sie einem Beruf nachgehen, den Sie nicht als Ihre wirkliche Berufung ansehen, dann versuchen Sie wenigstens ein Hobby aus dem zu machen, was Sie gern tun. Dieses Hobby kann sich ja letztlich zu einer wirklichen Berufung entwickeln. Vielleicht rechnet es sich finanziell niemals wirklich, aber man hat dann zumindest etwas im Leben, was einen wirklich fasziniert und was dem Ausdruck verleiht, was man in sich fühlt. »Gib mir eine Aufgabe, in die ich etwas von mir selbst hineinlegen kann, und es ist nicht länger eine Aufgabe. Es ist eine Freude, eine Kunst.«

Wenn Sie das Glück haben, dass zum Beispiel der Herrscher des 5. Hauses im 10. Haus steht, dann ist das ein guter Indikator dafür, dass Ihr Hobby bzw. ein Interesse, das Sie mit ganzem Herzen verfolgen – das 5. Haus – Ihre Karriere werden könnte. Wenn Sie den Herrscher des 5. Hauses in Haus zehn oder den Herrscher des 10. Hauses in Haus fünf haben, dann müssen Sie diese beiden Häuser einfach miteinander verbinden. Nehmen wir zum Beispiel einen Musiker, der die Fische am MC hat und Neptun im 5. Haus, und nehmen wir einmal an, er arbeitet als Beamter. Seine Eltern haben ihn zu einem Hochschulstudium überredet, das Hand und Fuß hat –, aber er hat eben Neptun im 5. Haus und die Fische am MC. In diesem Fall würde ich sagen: »Moment mal, damit bin ich nicht so glücklich, denn wir sehen einen starken kreativen Drang in diesem Horoskop.« Es könnte sogar sein, dass ich sage: »Weil der Herrscher Ihres 10. Hauses im 5. steht, können Sie aus kreativer Arbeit eine Berufung machen.« Oder nehmen wir eine gute Verbindung zwischen Haus 6 und 10, etwa den Herrscher des 6. Hauses im 10. Haus. Dann kann eine bestimmte Fertigkeit zur Berufung werden, und wenn es auch noch gute Aspekte vonseiten des 2. Hauses gibt, dann kann man damit sogar Geld verdienen. Wenn aber das 5. Haus nicht mit einem der Berufshäuser in Verbindung steht, dann handelt es sich vielleicht eher um etwas, zu dem man sich sehr stark hingezogen fühlt und das man als Hobby oder Freizeitbeschäftigung verfolgen sollte, und man muss eben etwas anderes tun, um Geld zu verdienen und sich Sicherheit und Ansehen zu verschaffen.

Wenn Sie etwas interessiert, dann wird daraus nicht unbedingt eine Berufung, aber Sie sollten trotzdem etwas Raum und Zeit in Ihrem Leben dafür schaffen, weil es sich vielleicht in einem anderen Leben zu Ihrem Beruf entwickeln könnte. Möglicherweise war es auch etwas, das Sie in einem früheren Leben verfolgt haben und immer noch gerne tun, jetzt aber als Hobby. Sagen wir mal, eine Frau ist fasziniert von der spanischen Küche. Sie kann zwar keinen Beruf daraus machen, doch es bereitet ihr unglaublich viel Freude, spanische Kochkurse zu besuchen und dort Menschen zu treffen, denen es genauso geht. Vielleicht hatte ihre Arbeit in einem früheren Leben etwas mit der Kochkunst zu tun. Obwohl sie es jetzt nicht zu ihrem Beruf machen kann, bereitet es ihr dennoch viel Freude und sie möchte es nicht missen. Wenn man einen Kurs belegt, dann trifft man dort aller Wahrscheinlichkeit nach Menschen, die man eventuell schon aus einem vergangenen Leben kennt und die diese Leidenschaft mit einem geteilt haben. Glaubt man nicht an Karma und Reinkarnation, dann ist das natürlich nur eine Fantasievorstellung.

Disziplin und Verpflichtung

Das Problem der Disziplin und der Verpflichtung habe ich bereits angesprochen. Dies kann ein ganz wichtiges Thema sein. Vielleicht haben Sie das Gefühl, dass es etwas gibt, das Sie sehr gern erreichen würden, aber haben Sie auch die Disziplin und die Bereitschaft zur Verpflichtung, um tatsächlich dorthin zu gelangen? Nehmen wir an, Sie haben die Sonne in Konjunktion zur Venus und Neptun in der Waage im 10. Haus und das ganz starke Gefühl, etwas Kreatives tun zu wollen. Sie fühlen, dass

Sie Venus und Neptun zur Geltung bringen müssen, um sich selbst Ausdruck zu verleihen. Wenn die Sonne in Konjunktion zu einem Planeten steht, dann müssen Sie diesen Planeten ebenso einbringen, um das zu sein, was Sie wirklich sind.

Sie müssen alle Planeten in Ihre Berufung mit einbeziehen, die sich im Aspekt zur Sonne befinden. Wenn ich jemanden sehe, dessen Karriere einen Planeten widerspiegelt, der im engen Aspekt zu seiner Sonne steht, dann bin ich darüber ausgesprochen froh. Denn es ist nicht nur das Sonnenzeichen oder das Haus der Sonne – auch die Aspekte zur Sonne geben Aufschluss über die persönliche Berufung. Ich habe schon viele Menschen gesehen, deren Sonne sich im Aspekt zu Neptun befindet, die Künstler sind oder einen kreativen Beruf ausüben. Und ebenso Menschen, die die Sonne im Aspekt zu Uranus haben und die entsprechend eine Karriere im Bereich der Computertechnik oder anderer Technologien verfolgen. Man findet Menschen mit Sonne/Pluto-Aspekten, die mit Sterbenden arbeiten oder die Psychotherapeuten sind. Sehen Sie, worauf ich hinauswill? Gleichgültig, welcher Planet im engen Aspekt zur Sonne steht – dieser muss ins Leben integriert werden, damit man wirklich und wahrhaftig der sein kann, der man ist. Und wenn man einen Beruf daraus macht, dann verbringt man auch entsprechend Zeit damit, diese Energie zu integrieren.

Kommen wir also auf unser Beispiel zurück: Stellen Sie sich vor, Sie hätten Sonne, Venus und Neptun im 10. Haus in der Waage und Sie wünschten sich, Künstler zu sein. Sie haben außerdem Uranus im Krebs im 6. Haus im Quadrat zu dieser Gruppe von Waage-Planeten. Uranus im Krebs im 6. Haus könnte bedeuten, dass Sie so sprunghaft und wechselhaft sind, dass es Ihnen schwer fällt, die Disziplin und das Engagement oder das Durchhaltevermögen aufzubringen, das nötig ist, um Ihre Ambitionen im 10. Haus zu verwirklichen. Ich halte häufig nach guten Aspekten zwischen dem 10. und dem 6. Haus Ausschau, weil das bedeuten kann, dass die Einstellung, die man der Arbeit gegenüber an den Tag legt, dem Berufsziel förderlich ist.

Wenn jedoch Schwierigkeiten zwischen dem 6. und dem 10. Haus oder zwischen dem Herrscher eines der beiden Häuser und Planeten in den anderen Häusern bestehen, dann hat man vielleicht nicht das, was man braucht, um im Sinne des 10. Hauses dort hinzukommen, wo man hin möchte. Das 6. Haus sagt etwas darüber aus, wie man an die Arbeit herangeht. Im 10. Haus geht es mehr um die beruflichen Ziele.

Hindernisse und Blockaden

Es gibt noch ein paar allgemeine Punkte zu besprechen, bevor wir weitergehen. Zuerst einmal wäre da das Problem des Talents, was zuweilen ein heikles Thema sein kann. Man hat vielleicht den intensiven Wunsch oder das Bestreben, unbedingt zu schreiben – viele Menschen verspüren den Wunsch, Romane oder Geschichten zu verfassen. Abber hat man auch wirklich das Talent, die Begabung dazu? Cayce würde sagen:»Bemühe dich um die Entwicklung dieses Talents. Vielleicht trägt es jetzt noch keine Früchte, aber möglicherweise zu einem späteren Zeitpunkt.« Etwas anderes im Zusammenhang mit Beruf und Berufung sind scheinbar schicksalhafte Geschehnisse. So etwas ist mir schon häufig begegnet. Jemand hat den brennenden Wunsch, einem bestimmten Beruf nachzugehen, aber irgendetwas kommt dazwischen. Eine Tänzerin bekommt Knieprobleme oder ein Musiker Multiple Sklerose. Ein Sportler bekommt Schwierigkeiten mit der Achillessehne und sie heilt nicht mehr ganz aus. Oder jemand muss familiäre Verantwortung übernehmen, die ihm einfach nicht die Zeit dazu lässt, das zu tun, was er möchte. Der Berufstraum ist ausgeträumt und man kann ihn einfach nicht weiterverfolgen, ihn vielleicht auch später nicht wieder aufgreifen, weil es zu spät ist. Was passiert da? Was hat es zu bedeuten, wenn so etwas geschieht – wenn man einen inneren Ruf verspürt und auch wirklich gut in diesem Beruf wäre, sich dann aber verletzt, den Beruf nicht mehr ausüben kann und stattdessen eine andere Tätigkeit aufnehmen muss?

Es gibt verschiedene Sichtweisen, aus denen man dies betrachten kann. Vielleicht kennen Sie John Addey. Er hat die Grundidee der Harmonics in der Astrologie entwickelt. Im Alter von 22 oder 23 Jahren bekam er eine starke Form von rheumatischer Arthritis bzw. ein neurologisches Rückenproblem, was ihn zum Krüppel machte. Er selbst sagte: »Vorher wäre ich wirklich glücklich damit gewesen, mein Leben mit Golfspielen und Reiten zu verbringen.« Aber als die Krankheit ihm das nicht mehr ermöglichte, sagte er: »Ich wendete mich geistigen Themen zu.« Das alles geschah, als der transitierende Pluto über seinen Löwe-Aszendenten lief. Da fing er an, Astrologie und Philosophie zu studieren, und trug dadurch mit seiner Theorie der Harmonics eine Menge zur Astrologie bei.

Was ich damit sagen will, ist, dass einige Menschen in etwas regelrecht hineingedrängt und andere Menschen geradezu aus etwas herausgedrängt werden. Irgendetwas passiert, was der oder die Betreffende nicht selbst so gewollt hat – das ist das »Schicksalhafte« daran. Ich erinnere mich an ein Interview im Radio mit einem sehr bekannten Radio- und Fernseh-Moderatoren. Der Interviewer fragte ihn: »Wie sind Sie überhaupt zum Radio gekommen?« Und der Moderator antwortete: »Nun ja, ich war bei der Armee und hatte vorher noch nie Radioansagen gemacht, aber man kam zu mir und sagte: ‹Es ist Ihre Aufgabe, eine lokale Radiosendung für Armeeangehörige zu gestalten.› « Es ging nicht von ihm aus, er wollte das gar nicht – er wurde regelrecht in diese Aufgabe hineingezwungen. Aber seine Zeit als Radiosprecher in der Armee war die Grundlage für seine Karriere als Moderator. Er rutschte da einfach hinein, hatte es sich nicht ausgesucht, fand aber so trotzdem seine Berufung. Oder nehmen wir zum Beispiel jemanden wie Jacqueline du Pré oder eine andere Sportlerin, die wirklich begabt ist und der ab einem bestimmten Punkt einfach der Weg versperrt wird, die dann nicht mehr das tun kann, was sie am liebsten macht, oder es nur noch unter schwierigsten Umständen bewerkstelligen kann. Was geschieht da eigentlich? Warum wird es einem solchen Menschen nicht gestattet, seiner Berufung nachzugehen? Welche anderen Eigenschaften soll diese Person entwickeln? Was ist die karmische Aufgabe dahinter?

Ich habe eine Theorie. Jacqueline du Pré hat ein Jupiter/Saturn-Quadrat in ihrem Horoskop, und ich glaube, dass es etwas damit zu tun hat. Eine Jupiter/Saturn-Opposition oder ein Quinkunx kann eine ähnliche Auswirkung haben. Diese Aspekte scheinen zu sagen, dass man besonders hart arbeiten muss, um seine Träume zu realisieren oder seine Pläne zu verwirklichen. Wenn wir uns Jupiter als den Planeten anschauen, der unsere Vision dessen, was möglich ist, symbolisiert, und dieser in einem Spannungsaspekt zu Saturn steht, dann heißt das: »Du schaffst das nicht, ohne dich entsprechend anzustrengen. Der Weg dorthin ist nicht ohne Hindernisse.« Cayce würde wahrscheinlich sagen, dass man härter als andere arbeiten muss, weil man in einem früheren Leben viele Möglichkeiten bekommen hat, das zu tun, was man wollte, diese aber nicht wahrgenommen hat. Man wollte die Verantwortung dafür nicht übernehmen. Jetzt hat man zwar den brennenden Wunsch, es zu tun, aber es entzieht sich einem, weil man sich vorher selbst entzogen hat. Man muss besonders hart arbeiten, um die eigene Berufung zu verwirklichen, oder es verzögert sich, verwirklicht sich erst zu einem späteren Zeitpunkt im Leben, oder man stößt einfach auf mehr Hindernisse als andere Menschen, weil man in einem anderen Leben, als einem alle Türen offen standen, durch keine davon gegangen ist.

Wenn Jupiter und Saturn verbunden sind, gibt es kein Wachstum ohne Saturn. Ein Aspekt zwischen den beiden Planeten bedeutet, dass man es immer mit beiden gleichzeitig zu tun hat. Arbeit eröffnet bei diesem Aspekt Wachstum. Ohne harte Arbeit kein Wachstum – das funktioniert in beide Richtungen. Saturn kann sich auch als Blockade manifestieren, so wie im Fall von Jacqueline du Pré. Oder man läuft gegen eine Mauer, die einen daran hindert, mit dem weiterzumachen, was man gern tut. Ich erinnere mich an das Horoskop eines Musikers, der diesen Aspekt ebenfalls hat und der Arthritis in den Fingern bekam. Jupiter/Saturn-Menschen müssen besonders hart arbeiten – sie haben es diesmal mit schwierigeren Umständen zu tun. Vielleicht, weil sie früher viele Gelegenheiten hatten und keine davon ergriffen haben.

Ich habe auch darüber nachgedacht, was dies rein psychologisch bedeuten könnte. Es kann auch eine Frage der Verpflichtung sein, ob man wirklich zu dem steht, was man will. Zum Beispiel – und das ist lediglich eine Verallgemeinerung – habe ich Menschen gekannt mit einer starken Jungfrau-Komponente im Horoskop, so wie Sonne in Jungfrau oder Jungfrau am AC, die hervorragende Astrologen wären, die aber niemals das Gefühl haben, gut genug zu sein. »Oh, ich muss noch so viel lernen. Was, wenn ich einen Fehler mache und etwas Falsches sage?« Es ist, als würden sie darauf warten, perfekt zu sein, bevor sie etwas wagen, und das beunruhigt mich, denn man lernt durch die Erfahrung. Man lernt dadurch, dass man Fehler macht. Man lernt aus dem, was man angerichtet hat. Man muss nicht von Anfang an perfekt sein – das sollten sich die Jungfrauen unter Ihnen gesagt sein lassen. Und das ist eine göttliche Botschaft. Ich channele hier!

Jemand hat einmal gesagt, alle Schriftsteller würden das, was sie früher verfasst haben, später gerne noch einmal neu schreiben. Man setzt sich nicht einfach hin und schreibt etwas Brillantes. Man schreibt, dann verwirft man es wieder und verändert es. In dem Zusammenhang fällt mir noch etwas anderes ein, was einen ziemlich beunruhigen kann. Wenn ein Flugzeug sich auf einem bestimmten Kurs befindet, dann ist es 90 Prozent der Flugzeit nicht auf diesem Kurs, was ich schon ein wenig beängstigend finde. Das Flugzeug hält nur dadurch den Kurs, dass es ab und an wieder seine Flugrichtung korrigiert. Ich weiß, dass es etwas gibt, was einen die Erfahrung lehrt, was einem keine andere Form der Lehre vermitteln kann. Was soll es also, wenn man nicht von Anfang an perfekt ist und ein paar Fehler macht? Ihr innerer Richter – das kann Ihre Jungfrau sein, aber auch der Steinbock oder ein starker Saturn – beobachtet Sie permanent. »Warum bist du nicht perfekt?«, flüstert er Ihnen dauernd zu. Ich würde dieser Stimme antworten mit so etwas wie: »Moment mal, gib mir eine Chance!«, denn wir lernen durch Erfahrung und dadurch, dass wir Fehler machen.

Die Frage, ob man auch wirklich zu dem steht, was man will, ist auch für den Löwen wichtig, und in einem gewissen Maße auch für den Schützen – aber besonders für den Löwen. Ich denke dabei vor allem an eine Löwe-Sonne oder den Löwen am Aszendenten. Diese Menschen haben das Bestreben, in irgendetwas ganz großartig zu sein, bei etwas so richtig glänzen zu können, aber sie haben Angst. »Was, wenn ich es versuche und versage? Was, wenn ich es tue und dann nicht so großartig bin, wie ich vorher gehofft hatte? Vielleicht ist es besser, es gar nicht erst zu versuchen, als den Versuch zu unternehmen und das Risiko auf sich zu nehmen zu scheitern. Womöglich ist es besser für mich, mir lediglich vorzustellen, wie toll ich sein könnte, besser als irgendjemand sonst auf diesem Gebiet. Das ist doch viel besser, als es tatsächlich zu versuchen und dann nicht richtig gut zu sein.«

Meiner Ansicht nach ist das eine Lebensphilosophie, die ins Nichts führt. Ich würde zu einem Löwen oder einem Löwe-AC sagen: »Sie müssen ein Risiko eingehen. Feuerzeichen müssen ein Risiko auf sich nehmen und sich damit abfinden, dass Sie sich Anerkennung verdienen müssen.« Denn Anerkennung will der Löwe schon haben, nur muss er auch bereit sein, dafür etwas zu leisten, um es zu verdienen, und nicht einfach nur dasitzen und erwarten, dass es ihm auf einem silbernen Tablett gereicht wird. Man findet viele Löwen, die sich vorstellen, wie großartig sie sind. Der Löwe erlebt womöglich einen Redner und stellt sich vor, wie viel besser er wäre, wenn er eine Rede halten würde. Oder er sieht einen Lehrer und ist auch hier in seiner Vorstellung weit überlegen. Das kann zu Neid führen, wenn er nicht wirklich selbst etwas unternimmt und seine Träume verwirklicht.

Es gibt noch eine andere Seite der Medaille, und die gilt nicht nur für den Löwen. Wenn ein Talent oder eine Eigenschaft existiert, die wir an jemand anderem wirklich bewundern, die uns wirklich fasziniert, dann ist es sehr wahrscheinlich, dass man diese Eigenschaft selbst auch hat, weil man nicht so beeindruckt, fasziniert und voller Bewunderung wäre, wenn es nichts in einem selbst berühren würde. Man hat es dann auf diesen anderen Menschen übertragen, auf ihn projiziert und bewundert ihn dafür. Wenn Sie ein solches Gefühl verspüren, wenn Sie jemanden treffen, der eine besondere Fähigkeit hat, dann könnte das bedeuten, dass das Potenzial auch in Ihnen steckt, dass Sie nur die Bereitschaft brauchen, sich an die Arbeit zu machen und es zu entwickeln. Es würde Sie sonst nicht so begeistern. Das gilt ebenso für etwas, was Sie bei einem anderen Menschen ablehnen. Auch das würde Sie nicht so stören, wenn Sie nicht ähnliche Züge hätten. Das, was wir an anderen nicht mögen, lehnen wir auch an uns selbst ab.

Erica Jong sagte: »Jeder Mensch hat Talent. Selten ist lediglich der Mut, seinem Talent an die dunklen Orte zu folgen, wo es einen hinführt.« Ich glaube, das stimmt, und ich möchte hier ein wenig von mir persönlich berichten. Als ich den Vertrag für mein erstes Buch *Astrologische Häuser und Aszendenten*[4] unterschrieben hatte, quälte mich eine furchtbare Angst davor, es tatsächlich zu vollbringen. Viele Male stand ich kurz davor, den Vertrag zu kündigen. Ich sagte zu mir selbst Dinge wie: »Ich sollte endlich die Tatsache akzeptieren, dass ich nicht schreiben kann. Denn sonst würde mir das nicht so schwer fallen.« Mit einer Unzahl von Blockaden musste ich mich nun auseinander setzen. Im Laufe der Zeit wurde mir klar, dass ein Grund dafür darin lag, dass ich fest davon überzeugt war, dass ich nur über-

4 Howard Sasportas, *Astrologische Häuser und Aszendenten*, München 1997.

leben würde, wenn jeder mein Buch toll finden würde. Das war eine Überzeugung aus meiner Kindheit. Unser Sinn fürs Überleben ist dann besonders stark, wenn wir fühlen, dass wir etwas Besonderes für unsere Eltern sind. Wenn wir spüren, dass unsere Mutter uns wirklich liebt, wenn wir durch das, was wir tun, ihre Zustimmung gewinnen können, dann bestätigt uns dies in unserem Überlebensinstinkt, weil wir wissen, dass sie uns gerne um sich hat. Wenn wir uns jedoch nicht geliebt fühlen, müssen wir Angst haben, dass sie uns verlässt oder sich jemand anderem zuwendet, obwohl wir sie eigentlich dringend bräuchten.

Nicht großartig und einzigartig zu sein, nicht geliebt zu werden, dies setzen wir unter Umständen mit Sterben gleich. Wenn man einmal schreibt und das Geschriebene dann gedruckt wird, kann man es nicht mehr ändern. Beim Unterrichten kann man sich eine ganze Menge leisten, glauben Sie mir! Aber wenn man das dann in Worte fassen soll, die gedruckt werden, dann muss man sich all diesen quälenden Fragen stellen: »Ist das denn auch richtig? Moment mal, was schreibe ich hier gerade? Das ist ein bisschen unklar.« Diese Hürde musste ich erst einmal überwinden. Ich machte mir so viele Sorgen darum, ob es auch gut war, was ich da schrieb, dass ich völlig blockiert war. Ich konnte einfach nicht mehr schreiben. Meine Gedanken haben mich völlig verkrüppelt. Und der Grund dafür, warum ich mir solche Sorgen machte, ob es auch gut genug sei, war, dass ich Angst hatte, sterben zu müssen, wenn es nicht so wäre. Wenn ich keine Anerkennung bekäme, dann würde ich verlassen werden und müsste sterben. Das ist natürlich kindisch. Und so führte es auch zu einer großen Veränderung, als ich mir sagte: »So geht es nicht weiter.« Ich wechselte einfach die Perspektive aus der ersten in die dritte Person.

Ich erzähle Ihnen das deshalb, weil Sie dieses Problem vielleicht auch kennen. So dachte ich mir: »Moment mal, es geht hier nicht darum, ob ich Anerkennung bekomme oder nicht, hier geht es darum, dass es möglicherweise Menschen gibt, die gern Informationen hätten, und vielleicht kann ich ja der Vermittler dieser Informationen sein.« Verstehen Sie, was ich meine, wenn ich davon spreche, die Perspektive aus der ersten in die dritte Person zu wechseln? Schließlich schrieb ich das Buch, indem ich mir eine Schülergruppe vor mir vorstellte. Ihr Bedürfnis, mehr über die Häuser zu erfahren, förderte die entsprechenden Informationen durch mich zutage. Ich hörte einfach auf, mich darauf zu konzentrieren, was ich meinte, leisten zu müssen, oder darauf, besonders gut zu sein und mich um Anerkennung zu bemühen. Und das brachte den Durchbruch.

Ich bin davon überzeugt, dass wir generell eher Probleme haben, etwas allein aus dem Grund zu tun, um unser Ego oder unser Identitätsgefühl zu stärken, als wenn wir es aus dem Empfinden heraus machen, dass es etwas ist, was von der Welt gebraucht wird, und dass wir jemand sein könnten, der es der Welt zu geben vermag. Natürlich ist immer ein bisschen Ego mit im Spiel. »Mensch, guck mal, wie dick das Buch ist und wie gut es sich verkauft!« Und dann denkt man: »Das habe ich wirklich gut gemacht.« Das Ego wird sich immer auf etwas stürzen. Wenn es jedoch zu viel erwartet, dann wird es problematisch.

Nehmen wir einmal an, Sie eröffnen ein Restaurant einzig aus dem Grund, dass Sie zeigen wollen, wie großartig Sie sind, um Ihren Eltern zu beweisen, was Sie alles können und was für ein hervorragender Geschäftsmann oder was für eine tolle Geschäftsfrau Sie sind. Womöglich wird es Ihnen nicht ganz leicht gemacht, diesen Plan zu verwirklichen. Ich habe das schon öfter gesehen, besonders wenn jemand Neptun nahe bei der Sonne oder am Aszendenten oder im 10. Haus stehen hat. Wenn so jemand etwas aus rein persönlichen Motiven unternimmt, dann bringt ihn das völlig aus dem Gleichgewicht – es funktioniert einfach nicht. Wird allerdings der Fokus des rein Persönlichen verlagert und der- oder diejenige sagt zu sich: »In diesem Stadtteil gibt es offensichtlich einen Bedarf für ein Restaurant, das sich der Menschen annimmt, die gutes, gesundes Essen suchen«, dann ist seine Idee womöglich der Mittler oder das Mittel, durch dessen Hilfe es klappt. Dann tut er es nicht um seinetwillen, sondern für andere, und wird damit viel mehr Erfolg haben. Neptun hat immer eine Anti-Ego-Bedeutung, wenn er mit beruflichen Fragen verknüpft ist.

Psychologische Faktoren

Zusätzlich zu den Aspekten, die ich bereits erwähnt habe, gibt es noch direktere psychologische oder familienbezügliche Themen, die unsere Berufswahl und unseren Erfolg auf dem Berufsweg beeinflussen. Ich möchte hier einige dieser Themen ansprechen, auf die ich später nochmals ausführlicher zurückkommen werde. War Ihr Vater erfolgreich oder nicht? Unser Vater ist ein Rollenvorbild dafür, was es bedeutet, ein Mann zu sein, insbesondere für einen Jungen. Er ist unser erstes männliches Vorbild. War er erfolgreich, dann gewinnen wir den Eindruck, dass es möglich ist, ein Mann zu sein und Erfolg zu haben. Ich drücke das jetzt sehr einfach aus. Wenn Ihr Vater sein Ziel jedoch nicht erreicht hat oder wenn es ziemlich offensichtlich war, dass er in Bezug auf seine Arbeit oder seinen Selbstausdruck frustriert war, dann bleibt dieser Eindruck eines frustrierten Mannes bei Ihnen haften. Wir tragen diese inneren Bilder mit uns herum. Wenn Sie die Rinde eines jungen Baumes einritzen und dieser zu einem großen Baum heranwächst, dann hat er einen großen Ritz.

Es gibt auch die Situation, wo der Vater versagt hat und das Kind durch seinen eigenen Erfolg dessen Ehre wiederherstellen will. In dem Fall tut man vielleicht alles Erdenkliche, um dem Vater zuliebe erfolgreich zu sein. Aber auf diese Art geht man das Ganze nicht besonders locker an, weil es sich um einen Kindheitsentschluss handelt. »Ich muss meinen Vater retten, und deswegen muss ich jetzt unbedingt Erfolg haben.« Wenn man so verkrampft an etwas herangeht, steht man sich meist selbst im Weg. Wenn ich nur deswegen schreiben würde, um als brillanter Schriftsteller zu glänzen, dann würde ich mir selbst ziemlich im Wege stehen.

Dazu fällt mir gerade etwas Interessantes ein. Im Juni diesen Jahres haben Liz Greene und ich ein einwöchiges Seminar in Zürich über die persönlichen Planeten gegeben. Es lief sehr gut, und aus diesem Grund ließen wir die Kassettenaufnahme des Seminars abschreiben. Dann nahm jeder seinen eigenen Seminarteil mit und wir machten daraus ein Buch.[5] Es ist viel einfacher als bei Null zu beginnen, weil man schon eine Struktur hat, aber ich fand mich immer noch reichlich langsam und ziemlich verkrampft, weil ich es unbedingt gut überarbeiten und es flüssiger machen wollte. Die Arbeit daran fiel mir also immer noch schwer, wenn auch leichter als *Astrologische Häuser und Aszendenten* und *Uranus, Pluto, Neptun im Transit*[6] zu schreiben, bei denen ich von Null beginnen musste. Das Seminarbuch machte mir mehr Spaß, aber ich war mir immer noch dessen bewusst, dass es mein Buch war und es meinen Namen tragen würde. Deswegen durfte es auf keinen Fall schlecht sein. Und das war immer noch ein ziemlicher Kampf.

Vor kurzem habe ich die Transskripte von einem Astrologen namens Richard Idemon aus Kalifornien überarbeitet. Wahrscheinlich kennen Sie ihn. Richard und Liz Greene haben viele Kurse zusammen gegeben, sehr erfolgreiche wochenlange Intensivseminare an wunderschönen Skiorten in den Vereinigten Staaten und anderen exotischen Plätzen wie z.B. in Orvieto in Italien. Doch dann erkrankte Richard an AIDS. 1985 wurde er sehr krank und starb. Er hat seinem Tod ein wenig nachgeholfen, weil er an einen Punkt gekommen war, wo sein Leben kaum noch erträglich für ihn war. Zu dieser Zeit gab es noch nicht viel Hilfe bei dieser Krankheit. Er starb, ohne je etwas veröffentlicht zu haben, was er aber sehr gern getan hätte, und

5 Es entstanden letztlich zwei Bücher aus diesem Seminar: *Sonne und Mond*, München 1994 und *Die inneren Planeten*, Amsterdam 2004.
6 Howard Sasportas, *Uranus, Pluto, Neptun im Transit*, Tübingen 2005.

hinterließ all diese wunderbaren Kassettenmitschnitte seiner Workshops.

So fiel die Verantwortung dafür Liz Greene und mir zu. Wir ließen die Kassetten abtippen, und ich überarbeite die Transskripte und mache daraus ein Buch.[7] Es bereitet mir große Freude, denn ich weiß, wo immer er auch ist, er wird es zu schätzen wissen, dass seine Bücher veröffentlicht werden. Außerdem sind diese Mitschriften sehr, sehr gute psychologische Astrologie und ich lerne viel davon. Ich bekomme wirklich viele neue Ideen dadurch. Der transitierende Pluto ist immer noch in meinem 9. Haus, also lerne ich von den Toten! Aber was mir wirklich aufgefallen ist – ich kann diese Überarbeitung sehr konzentriert und schnell durchziehen, weil es nichts ist, was ich selbst geschrieben habe. So bin ich mir meiner selbst weniger bewusst, wenn ich daran sitze, und schaffe fünf bis sieben Seiten pro Stunde. Bei meinen eigenen Mitschriften würde mich die gleiche Menge einen ganzen Tag kosten. Ich gehe einfach lockerer heran – es trägt nicht meinen Namen und deswegen wird es besser, als wenn ich mich so neurotisch verhalten würde. Diese psychologischen Themen, die sich darum drehen, etwas ganz Besonderes sein zu wollen, kommen uns ins Gehege, weil wir Angst haben, dass wir nicht mehr geliebt werden und sterben müssen, wenn wir nicht perfekt und brillant sind. Das ist das irrationale Kleinkind in uns.

Natürlich gibt es auch noch Themen, die die Mutter betreffen. Hat Ihre Mutter sich ihre beruflichen Bedürfnisse erfüllt oder hat sie sie für die Familie geopfert? Nehmen wir einmal an, Sie haben den Mond in Konjunktion zu Uranus im 10. Haus. Das 10. Haus steht für die Mutter, und Uranus in 10 beschreibt eine Mutter, die nicht nur ein Leben als Mutter führen wollte. Mit

---

7 Richard Idemon, *Partnerschaft und Selbstfindung im Spiegel der Sterne*, München, 1999. Ein zweiter Band von Richards Transskripten wurde nach Howards Tod veröffentlicht, überarbeitet von Gina Ceaglio: *The Magic Thread: Astrological Chart Interpretation Using Depths Psychology*, York Beach ME., 1996.

Uranus in Konjunktion zum Mond muss man noch andere Aspekte des Weiblichen verwirklichen als nur den mütterlichen – man muss etwas weniger Konventionelles machen. Vielleicht hat Ihre Mutter das so nicht ausgelebt, weil sie eine Familie zu versorgen hatte. Sie trug dann ein nicht ausgelebtes Bedürfnis in sich, etwas in der Welt zu erreichen, und Sie haben das aufgenommen. Sie leben dann ihre unerfüllten Wünsche aus, was vielleicht sogar richtig für Sie ist, aber vielleicht auch nicht. Wenn Sie etwas für jemand anderen ausleben, dann ist es nicht so wie etwas, das Sie nur um Ihrer selbst willen tun. Es mag Sie zwar antreiben, aber Sie sollten sich Ihrer versteckten Motivationen bewusst sein.

Dann gibt es noch etwas anderes, das ein wenig schwieriger zu akzeptieren ist, was man sich aber nichtsdestoweniger von einem psychologischen Standpunkt aus ansehen sollte, wenn man sich in Berufsfragen blockiert fühlt. Einige Eltern sind eifersüchtig auf ihre Kinder, wenn diese erfolgreicher sind als sie selbst. Das ist kein besonders angenehmer Gedanke. Nehmen wir einmal an, ein Mann wird zum ersten Mal Vater und bekommt einen Sohn. Er sagt zu sich selbst: »Wie wunderbar! Dieser Junge wird meinen Namen tragen und Erfolg haben, ich bin so stolz auf ihn.« Kein Vater setzt sich hin und denkt: »Ich will, dass mein Sohn ein Versager wird.« Auf einer bewussten Ebene denkt er das nicht, aber im Unbewussten kann dies als Bedrohung lauern. Unbewusst denkt der Vater vielleicht: »Dieses Kind kommt in die Blüte seines Lebens, wenn meine Blütezeit zu Ende geht. Ich muss meine Frau bzw. meine Partnerin von heute an mit ihm teilen.« Dies kann sehr wohl Eifersucht erzeugen, Wettbewerb und Angst, von seinem eigenen Nachwuchs vom Thron gestoßen zu werden.

Saturn verschlang seine Kinder, weil er Angst hatte, dass diese ihn entmachten würden. Er konnte ihnen nicht erlauben, ihr eigenes Leben zu führen. Außerdem kastrierte er Uranus, entmachtete also seinen eigenen Vater, was natürlich die Angst in ihm hervorrief, seine Kinder könnten ihm das Gleiche antun.

Das taten sie ja auch – Jupiter entmachtete Saturn. Das passiert. Jupiter hatte eine erste Gemahlin namens Metis – sie war die Göttin der Weisheit. Während ihrer Schwangerschaft wurde Jupiter gewarnt, dass das Kind – falls es ein Junge sei – ihn ebenfalls vom Thron stoßen würde. Aus diesem Grunde verschlang er Metis. Nachdem er sie verspeist hatte, gebar er das Kind selbst. Es stellte sich heraus, dass es ein Mädchen war, die Göttin Athene. Insofern hatte er kein Problem.

Im ödipalen Sinne müssen wir in Erwägung ziehen, dass das Kind einen Elternteil loswerden will, um den anderen ganz für sich allein zu haben. Aber es gibt eben auch den anderen Fall – den Vater, der seinem Sohn keinen Erfolg gönnt, weil es ihm das Gefühl gibt, entmachtet zu sein. Oder vielleicht ist da eine Mutter, die ihre Tochter zwar einerseits dazu ermutigt, erfolgreich zu sein, sie jedoch andererseits regelrecht klein hält, weil sie es unbewusst doch nicht erträgt, dass ihre Tochter mehr Erfüllung findet als sie selbst. Es kann sehr schmerzhaft sein, mitzuerleben, wenn jemand mehr Erfüllung findet als man selbst. Und so bekommen wir unter Umständen doppeldeutige Botschaften von unseren Eltern.

TeilnehmerIn: Kann das auch mit dem gegengeschlechtlichen Elternteil passieren?

Howard: Ja, das kann es. Es gilt für beide Richtungen. Bei Vater-Sohn- und Mutter-Tochter-Themen kann man es nur besonders gut erkennen. Die Mutter gibt ihrer Tochter eine doppeldeutige Botschaft. »Ich möchte zwar, dass du etwas erreichst, aber warum hast du keine Familie?« Oder: »Ich möchte zwar, dass du gut aussiehst, aber besser nicht so gut wie ich. Warum isst du also nicht mehr und wirst ein bisschen übergewichtig?« Und dann hat die Tochter Bulimie. Ein Ödipus-Komplex ist sehr interessant. Normalerweise glauben wir, Ödipus ist der Böse, weil er seinen Vater umgebracht und seine Mutter geheiratet hat, aber der wahre Grund, warum er Laius getötet hat, war, weil ihm dieser im Weg stand, und er wusste gar nicht, dass er sein Vater war. Er kam an eine Wegkreuzung und da war dieser unwirsche alte Mann, der ihn an seinem Fortkommen hinderte.

Ich habe viele Vater-Sohn-Horoskopvergleiche gesehen, wo der Vater dem Sohn in seinem Fortkommen aktiv im Weg steht. Er ist neidisch auf seinen Sohn, weil dieser etwas Tolleres macht als er, obwohl ein Teil von ihm auch einfach nur stolz auf seinen Sohn sein will. Laius ist eben nur ein barscher, alter Mann, der nicht aus dem Weg gehen will und Ödipus provoziert, sodass dieser ihn schließlich umbringt. Im Grunde ist es Laius, der die beiden in die schwierige Lage bringt. Einige Väter haben vielleicht einen Laius-Komplex, der ihnen wie eine kleine innere Stimme zuflüstert: »Warum entledigst du dich nicht deines Sohnes?«

Was hat Ihre Mutter aus ihrem Leben gemacht? War Ihr Vater erfolgreich? Das sind Themen, die sich um Neid und doppeldeutige Botschaften drehen. Es gibt auch den Fall, wo Mutter und Vater um die Liebe des Kindes wetteifern. Und so etwas gibt man nicht gern zu. Aber manchmal möchte die Mutter eben, dass ihr Kind sie mehr liebt als den Vater. Vielleicht lebt sie ihren Elektra-Komplex über ihr Kind aus. Ich habe Fälle gesehen, in denen die Mutter ihren Sohn umwarb und ihn für sich gewinnen wollte. Um dies zu erreichen, hat sie den Vater häufig vor seinem Sohn niedergemacht. Das ist eine besonders schwierige Situation, weil der Vater eigentlich ein Rollenvorbild für den Sohn sein sollte, da er wie ein Mann zu sein hat, doch von der Mutter erhält er die Botschaft: »Sei anders.« Jede Familie und jede Situation ist anders. Idealerweise stellt der Vater eine Brücke zur Außenwelt dar. Das ist nicht immer so, aber die Art, wie er sich in der Welt benimmt und was wir von ihm über die Arbeit lernen, führt uns doch häufig über die persönliche Sphäre unseres Lebens mit unserer Mutter hinaus. Unser Vater zeigt uns Wege, wie man sich in der Welt verhalten kann.

Auch an dieser Stelle würde ich gern eine persönliche Erfahrung mit Ihnen teilen. Mein Vater war ein Arbeiter – er verdiente sein Geld mit seiner Hände Arbeit, denn er war Tapezierer. Seiner Herkunft nach war er Amerikaner in der ersten Generation und arbeitete als Anstreicher und Tapezierer, zwei Dinge, in denen ich ein hoffnungsloser Fall bin. Er hat sehr, sehr hart gearbeitet und war recht erfolgreich. Sie nannten ihn den Rembrandt unter den Tapezierern und er bekam Aufträge in den besten Häusern und der Villa des Gouverneurs. Seine Arbeit machte er ausgezeichnet und er war für mich ein gutes Vorbild für Erfolg im Leben. Als ich noch ziemlich jung war, vielleicht zehn oder elf Jahre alt, begleitete ich ihn häufig. Ich half ihm immer samstags. Manchmal fuhr er zu einem Kunden, um einen Auftrag zu besprechen, auch dann nahm er mich mit. Er sprach mit dem zukünftigen Kunden, der ein Angebot von ihm wollte, und anschließend gingen wir zum Auto zurück und fuhren wieder heim, und auf der Rückfahrt erzählte mir mein Vater dann die ganzen Hintergründe. Dafür bin ich ihm sehr dankbar, weil er sich Zeit genommen hat, mir ein wenig darüber beizubringen.

Einige Ähnlichkeiten stelle ich zwischen uns fest: Ich bin selbstständig und er war selbstständig. Einige Ähnlichkeiten sind schon fast unheimlich. Mein Vater ist jetzt bereits pensioniert, aber in seinem Arbeitsleben war es beispielsweise so, dass er, wenn er zu Hause war und das Telefon klingelte, meiner Mutter sagte: »Häng es während des Essens aus.« Und genauso mache ich es zu Hause. Hätte ich mich dazu entschieden, Tapezierer zu werden, wäre es sicherlich ein Misserfolg geworden. Das ist eine typische Tätigkeit für Immigranten der ersten Generation. Ich sollte Arzt oder Rechtsanwalt werden. Meine Eltern gaben mir drei Berufe zur Auswahl: entweder Rechtsanwalt in einer Firma, Richter beim obersten Gerichtshof oder Chirurg. Das war meine Auswahl. Im Alter von sechs Jahren wollte ich Kinodirektor oder Psychiater werden, was immerhin zur Astrologie passt. Selbst in den ersten Jahren auf dem College habe ich noch Medizin belegt, dann aber meine Fächerbelegung geändert, ohne meinen Eltern etwas davon zu sagen. Ich hatte Angst davor, ihnen mitzuteilen, dass ich kein Arzt werden würde, und dachte schon, ich müsste mir Arztplaketten für mein Auto kaufen und so tun als ob.

Verstehen Sie das Dilemma? »Sei wie dein Vater, aber wenn du das tust, was er tut, dann ist es nicht gut genug.« Und so etwas in dieser Art trifft auf viele Menschen zu. Wir fragen im Zusammenhang mit dem Beruf immer nach dem Schicksalsaspekt. Aber es gibt eben auch psychologische Themen. Wir schauen uns jetzt zuerst einmal den traditionellen astrologischen Zugang zu Berufsthemen an, auch wenn mein Herz nicht wirklich für diese traditionelle Betrachtungsweise schlägt – mir geht es mehr darum, wie man seinen eigenen Mythos findet und den Gott, der einen am meisten anspricht, als eine Spiegelung für die wahre Berufung.

Astrologische Signifikatoren

In diesem Zusammenhang möchte ich die Smithers Studie erwähnen. Sie erschien 1984 in *The Guardian*. Professor Alan Smithers von der Manchester University sammelte die Geburtsdaten von ungefähr zweieinhalb Millionen Menschen und untersuchte ihre Berufe in Bezug auf den Monat, in dem sie geboren wurden. Er sagte, es bestehe eine Verbindung zwischen der Jahreszeit, in der Menschen zur Welt kommen, und den Berufen, die sie ergreifen. Einiges davon ergab sogar einen Sinn. Die Mehrheit von Künstlern in seiner Studie wurde beispielsweise Ende April und im Mai geboren, also in der Stierphase, dem Zeichen, das von Venus beherrscht wird. Viele Sekretärinnen erblickten Ende Juni und im Juli das Licht der Welt, also im Krebs, dem Zeichen, das sich durch seine Fähigkeit, anderen zu dienen, auszeichnet, deswegen sind Sekretärinnen häufig Krebse. Viele Unterhaltungskünstler wurden in der Widderphase geboren, einem extrovertierten Zeichen. Einige Beispiele sind jedoch auch sehr seltsam. Zum Beispiel wurden auch viele Zahnärzte in der Widderzeit geboren. Wahrscheinlich ist es einfach ein sadistisches Zeichen! Viele Radiographen kamen in der Wassermannzeit zur Welt, aber auch Barmänner und Barfrauen. Vielleicht hat das etwas mit dem Wasserträger zu tun.

Eine andere bedeutende Studie ist die der Gauquelins, die Sie wahrscheinlich alle kennen. Gauquelin stellte fest, dass Mars im Horoskop erfolgreicher Athleten häufig gerade aufgegangen, über seine obere oder unter Kulmination hinausgegangen oder soeben untergegangen war, also in den fallenden Häusern stand. Dasselbe galt für Jupiter in den Horoskopen erfolgreicher Schauspieler und Politiker. Vielleicht ist das das Gleiche? Wenn ein Planet gerade aufgeht oder kulminiert, sich mit der Tagesbewegung vom 1. in das 12. Haus bewegt oder vom 10. ins 9. oder untergeht vom 7. ins 6. Haus oder vom 4. ins 3. 3. Haus geht, dann scheint das etwas mit der Berufung zu tun zu haben. Saturn befand sich bei Wissenschaftlern in dieser Position, der Mond hingegen bei Schriftstellern und Künstlern. Ich werde später noch etwas darüber sagen, warum die fallenden Häuser etwas mit unserer Berufung zu tun haben könnten.

Die traditionellen Signifikatoren für die Berufung

Dann wollen wir uns zuerst einmal den traditionellen Signifikatoren widmen. Das Buch, dem ich einen Großteil davon entnommen habe, gibt es leider nicht mehr. Es heißt *Vocational Guidance by Astrology* und ist von Charles Luntz.[8] Die erste Ausgabe wurde 1942 veröffentlicht und 1969 überarbeitet. Für die damalige Zeit ist es kein schlechtes Buch, obwohl einiges, was er schreibt, sehr amüsant ist. In der Ausgabe von 1969 deutet er das Horoskop von Präsident Nixon, der zu dieser Zeit amerikanischer Präsident war, und beschreibt, was für ein ehrenhafter und wunderbarer Mann Nixon sei. In der Ausgabe von 1942, die er wahrscheinlich im Jahre 1941 geschrieben hat, interpretiert er auch Hitlers Horoskop.

TeilnehmerIn: Und, bezeichnet er Hitler auch als ehrenhaft?

Howard: Nun, Luntz führt Hitlers Horoskop als gutes Beispiel für berufliche Fähigkeiten an. Er schreibt, dass Hitler mit Si-

---

8 Charles Luntz, *Vocational Guidance by Astrology*, Llewellyn Publications, 1942 und 1969.

cherheit Astrologie benutzt hat und dass er für die Veröffentlichung von *Mein Kampf* den Zeitpunkt mit einem guten Aspekt abgestimmt hat, der seine Mond-Konjunktion mit Jupiter in Steinbock im 3. Haus, dem Haus des Schreibens, zur Geltung brachte. Luntz stellte dies als ein gutes Beispiel für uns alle heraus, wie man seine Ziele erreichen kann.

Er führt für jeden Planeten die geeigneten Berufe an. Bei der Sonne nennt er zum Beispiel den Löwen-Dompteur und die Gin-Produktion. Die Löwen liegen auf der Hand, aber Sie wissen vielleicht nicht, dass zur Symbolik der Sonne auch der Wacholderbusch gehört und dass Gin aus Wacholderbeeren gemacht wird. Als ich das las, dachte ich: »Wer bin ich, dass ich sagen könnte, dass Löwen zu zähmen nicht für jemand anderes die wahre Berufung sein könnte?« Luntz nahm das 10. Haus als Indikator für den Beruf. Wenn Sie also eine Löwesonne im 10. Haus haben, dann sollten Sie einmal darüber nachdenken, ob Sie vielleicht Löwen bändigen wollen.

TeilnehmerIn: Während man zu Hause Gin in der Badewanne gießt!

Howard: Dann dachte ich: »Und was, wenn man Pluto im Quadrat zur Sonne im 10. Haus hat?« Ich weiß nicht, ob ich dann immer noch empfehlen würde, Dompteur zu werden. Aber vielleicht könnte man Walnüsse anbauen.

TeilnehmerIn: Warum Walnüsse?

Howard: Ich weiß auch nicht. Aber die Walnuss wird irgendwie mit der Sonne assoziiert. Jeder Archetypus eröffnet ein ganzes Spektrum, das heißt, der Mond kann für die Mutter stehen, für Frauen ganz allgemein, aber er steht auch für Melonen und Blumen, die in der Nacht blühen, für Särge und Vasen, für alle Arten von Behältern. Das heißt, wir haben immer ein ganzes Spektrum von möglichen Assoziationen. Dies nannte man früher das Gesetz der Entsprechungen. Eine, die mir für den Mond besonders gut gefällt – und bei der ich hoffe, dass einige von Ihnen sich inspiriert fühlen werden, dieser Tätigkeit nachzugehen –, ist die eines Kohlbauers.

TeilnehmerIn: Wie wäre es mit dem Betreiben eines Badehauses?

Howard: Damit war früher einmal mehr Geld zu verdienen als heute. Hier stehen noch ein paar andere tolle Berufe. Der Merkur im 10. Haus könnte Jongleur werden. Das gefällt mir ganz gut – und es passt. Jupiter könnte Walfänger werden, was heutzutage nicht gerade ein populärer Beruf wäre. Für Saturn wird der Beruf des Grabsteinmetzes empfohlen und für Mars der des Eisenwarenhändlers. Wenn wir über die traditionellen Signifikatoren sprechen, wie Luntz sie hier meint, also einen Planeten im 10. Haus – den er als Indikator für die Berufung nimmt –, dann können Sie an alle Dinge denken, die traditionsgemäß mit diesem Planeten oder mit dem Zeichen am MC in Verbindung gebracht werden.

Ein anderer Zugang

Ich kann gar nicht genug betonen, dass mein Schwerpunkt nicht nur bei den Erdhäusern liegt, denn ich schaue mir das ganze Horoskop an, besonders aber die Sonne in Zeichen und Haus. Das sind meine eigenen Bezugspunkte. So schaue ich mir durchaus das 2., 6. und 10. Haus an, aber ich glaube, dass die Sonne in den Zeichen und ihren Aspekten genauso wichtig ist, wenn nicht sogar wichtiger. Auch den Aszendenten würde ich mit einbeziehen, denn ich glaube, dass die Qualitäten des Zeichens am Aszendenten etwas sind, was wir wirklich entwickeln sollten, deswegen ist es ideal, wenn Sie eine Tätigkeit finden können, die etwas von den Qualitäten Ihres Aszendentenzeichens, seinem Herrscher und dessen Hausposition reflektiert.

Ein weiterer wichtiger Hinweis ist ein voll besetztes Haus. Wenn Sie zum Beispiel fünf Planeten im 11. Haus stehen haben, dann sollte Ihre Arbeit möglichst etwas mit Gruppen zu tun haben. Haben Sie fünf Planeten im 3. Haus, dann sollten Sie Umgang mit Kommunikation, Unterricht oder dem Verteilen von Informationen haben. Ich schaue mir stark besetzte Häuser immer genau an. Außerdem würde ich auf ein fehlendes Element achten, auch wenn das seltsam klingen mag, weil wir manchmal auf der Suche nach Ganzheitlichkeit dazu motiviert werden, das zu entwickeln, was fehlt. Es gibt sehr viele Therapeuten, die kein Wasser im Horoskop haben. Es ist gerade so, als müssten sie mit Gefühlen arbeiten. Ich habe viele Horoskope für Körpertherapeuten erstellt, wie z.B. Neo-Reichianer, und habe bei vielen von ihnen einen Mangel an Erde festgestellt, und auch viele Schriftsteller gefunden, die keine Luft im Horoskop haben. Aus dem fehlenden Element kann man einen Beruf machen.

Auch der Stellung von Saturn im Zeichen messe ich eine Bedeutung als Indikator für den Beruf bei, denn in welchem Zeichen oder Haus Saturn auch steht, an dieser Stelle fühlen wir uns schwach und begrenzt und deswegen dazu getrieben, die Dinge zu meistern. Goethe sagte: »Erst in der Beschränkung zeigt sich der Meister.« Wenn wir uns unsicher oder unzulänglich bei etwas fühlen, dann versuchen wir dies zu kompensieren und werden so unter Umständen ziemlich gut darin. Nehmen wir einmal an, Sie haben Saturn in den Zwillingen oder im 3. Haus und sind sich Ihrer Fähigkeiten zur Kommunikation nicht ganz sicher. Sie können sich dann sehr darum bemühen, diese zu verbessern und dadurch ein wahrer Meister der Kommunikation werden. Gerade die Gebiete, auf denen wir uns schwach fühlen, wo wir Probleme haben, können die Bereiche sein, die uns interessieren und die wir entwickeln wollen, also etwas, woraus wir einen Beruf machen.

Schauen Sie sich Ihr Horoskop an und fragen Sie sich: »Welcher Mythos spricht hier zu mir? Welchem Gott wende ich mich zu?« Versuchen Sie, eine Arbeit zu finden, die es Ihnen erlaubt, diesen Mythos zu leben. Wenn Sie zum Beispiel einen Fische-Aszendenten haben, dann brauchen Sie eine Art von Arbeit, die mit dem Thema Retter und Opfer zu tun hat, etwas, wo Sie etwas erlösen oder retten. Oder Sie brauchen eine Arbeit, bei der Sie ein Medium für die kreative Vorstellungskraft sind, wo Sie etwas kanalisieren, das der Manifestation bedarf. Es gibt viele verschiedene Dinge, die man tun kann und die durch dieses Thema symbolisiert werden. Aber wenn Sie nichts tun, was das Bedürfnis nach Rettung oder Trost oder das Kanalisieren von Kreativität für andere Menschen erfüllt, dann leben Sie Ihren Fische-Aszendenten nicht und fühlen sich unvollständig.

Ich sehe es sehr gern, wenn jemand z.B. die Sonne im 9. Haus stehen hat und als Reisekaufmann/frau arbeitet. Das Haus, in dem sich die Sonne befindet, zeigt uns den Lebensbereich, in dem wir uns selbst finden. Wenn wir etwas tun, was damit in Zusammenhang steht, dann können wir natürlich zu einem bestimmten Zeitpunkt die Ebene wechseln. Aber das zugrunde liegende Thema sollte sich nicht ändern. Nehmen wir beispielsweise eine Frau, deren Sonne im 7. Haus steht und die als Eheberaterin arbeitet, oder jemanden mit der Sonne im 8. Haus, der sich mit dem Geld anderer Leute befasst. Dies sind äußerst befriedigende Konstellationen. Natürlich gibt es noch viel mehr, das man sich anschauen kann als die traditionellen Signifikatoren, aber diese haben durchaus ihre Berechtigung.

Ich möchte nochmals auf Luntz zurückkommen. Er nennt hier alle möglichen Dinge, die man mit Merkur im 10. Haus oder als Herrscher des MC tun kann: Sekretär, Buchhalter, Briefträger, Imker und so weiter. Er nennt auch andere, die ganz offensichtlich auf Liz Greene zutreffen: Schriftsteller, Lehrer und Dozenten. Als sie mir das Buch gab, sagte sie jedoch: »Ich habe meinen Beruf verfehlt. Ich frage mich, ob es zu spät für einen Neuanfang ist. Luntz sagt, ich hätte Busfahrerin werden sollen.« Auf dem Seminar in Zürich im Juni ist etwas Lustiges passiert. Jemand fragte mich danach, welches Tierkreiszeichen

Liz sei. Erst antwortete ich, sie sei Fische mit Venus in Schütze im Quadrat zu Merkur in den Zwillingen. Es dauerte ein paar Minuten, bis die andere Person meine Schwindelei herausbekam, und dann sagte sie: »Nein, jetzt im Ernst, welches Tierkreiszeichen ist sie?« Worauf ich antwortete: »Okay, ich sag es Ihnen: ‹Bitte nicht stören.›« Kurz darauf kam Liz wieder zurück. Später wandte sie sich an die Gruppe und sagte: »In der Pause hat mich jemand von Ihnen gefragt, welches Tierkreiszeichen Howard ist. Ich werde es Ihnen verraten: ‹Lassen Sie uns Mittagspause machen!›«

Das 10. Haus

Lassen Sie uns Luntz etwas genauer durchgehen. Hier einige ganz traditionelle Regeln. Regel Nr. 1: Halten Sie nach Planeten im 10. Haus Ausschau, insbesondere nach solchen, die nahe am MC stehen. Diese sind Signifikatoren für den Beruf, den Sie ausüben sollten. Wir gehen hier von einem Quadranten-Häuser-System aus, nicht von äqualen Häusern, sodass das MC die Spitze des 10. Hauses bildet, zum Beispiel bei Koch- oder Placidus-Häusern. Der elevierteste Planet erhält sehr viel Gewicht, was auch einen Sinn ergibt, da er ja am sichtbarsten ist. Wenn man mittags geboren wird, dann steht die Sonne genau über einem am Himmel, es ist also für jeden weithin sichtbar, wer man ist. Ich habe festgestellt, dass Menschen mit einer Sonne im 10. Haus, wenn sie sonst keine schwierigen Aspekte hat, häufig schneller zu ihrer Berufung finden als jemand, der die Sonne beispielsweise im 4. Haus hat, wo es ein wenig länger dauern könnte an das heranzukommen, was man tief im Innersten spürt.

TeilnehmerIn: Geben Sie einem elevierten Planeten auch dann entsprechend Gewicht, wenn er im 9. Haus steht?

Howard: Ja. Und das muss man Luntz lassen, denn er sagt auch, dass er sich einen Planeten anschauen würde, der im 9. Haus innerhalb von 5° Orbis zur Spitze des 10. Hauses steht. In Gauquelins Studie ragen ja auch die Planeten besonders heraus, die in diesem Häuserbereich stehen, die also gerade über den Punkt der Kulmination hinaus sind, und Luntz bestätigt es. In meiner Arbeit als Astrologe habe ich festgestellt, dass Menschen mit einem Planeten im 9. Haus in der Nähe des 10. Hauses, selbst bei bis zu 9° Orbis oft einen Beruf ausüben, der etwas mit diesem Planeten zu tun hat.

Die nächste Regel nennen wir einmal Regel 1a. Nachdem man sich den Planeten angesehen hat, schaut man sich das Zeichen an, in dem er steht. Wenn es keinen Planeten im 10. Haus gibt, dann schaut man auf das Zeichen am MC und dann auf den Herrscher dieses Zeichens, in Bezug auf das Haus und das Zeichen, in dem er sich befindet, sowie die Aspekte, die er bildet. Lassen Sie uns ein wenig mit dem Horoskop arbeiten, das ich gerade aufgelegt habe. Ich sage Ihnen nicht, wer es ist, nur, dass es sich um eine Frau handelt. Vielleicht kennen Sie das Horoskop, aber verraten Sie es nicht, wenn es so sein sollte. Ich möchte daraus kein Ratespiel machen.

Das MC befindet sich auf 21° Schütze, und im 10. Haus stehen keine Planeten. Wenn wir jetzt so vorgehen, wie Luntz es vorschlägt, dann suchen wir nach einem Beruf, der dem Zeichen Schütze entspricht. Sie könnte also Waljägerin sein oder irgendeinen anderen Beruf verfolgen, der mit Schütze zu tun hat. Sie könnte auch Rechtsanwältin, Geistliche, Reiseverkehrskauffrau oder Fußpflegerin sein. Dann schauen wir uns den Herrscher von Schütze in Bezug auf sein Zeichen und sein Haus an, um etwas mehr über ihre beruflichen Neigungen zu erfahren. Wer ist der Herrscher in Schütze?

TeilnehmerIn: Jupiter

Howard: Wo steht Jupiter?

48

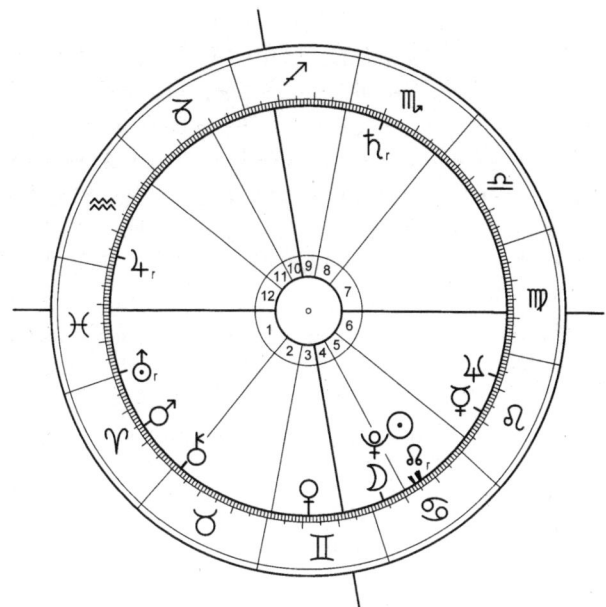

*Abb. 1: Elisabeth Kübler-Ross. 8. Juli 1926, 22.45 h, Zürich.
Placidus. Quelle: Hans-Hinrich Taeger, Internationales
Horoskope Lexikon*

TeilnehmerIn: Im 12. Haus im Wassermann.

Howard: Was fällt Ihnen dazu ein? Wenn der Herrscher des 10.
Hauses im 12. steht, wo könnte sie arbeiten?

TeilnehmerIn: In einem Krankenhaus oder einer anderen Institution.

TeilnehmerIn: Mit Gruppen in Institutionen.

Howard: Ja, mit Gruppen in einer Institution, was auch tatsächlich stimmt. Ich glaube zwar, dass sich dies stärker aus anderen Aspekten des Horoskops ableitet, aber die Position von Jupiter verstärkt es nochmals.

Das Nächste, wonach Luntz schauen würde, sind die Aspekte, die der Herrscher des MC bildet. Also sehen wir nach, welche Aspekte Jupiter bildet. Er steht in Opposition zu Neptun. Also sollte sie im Rahmen ihrer Arbeit in Institutionen irgendwie Neptun mit einbringen, das könnte zum Beispiel eine Form von Heilungsarbeit sein. Deshalb könnte man denken: »Nun ja, vielleicht ist sie eine Heilerin.« Jupiter steht außerdem noch im Trigon zum Mond. Das ist zwar ein dissoziiertes Trigon, aber immer noch ein Trigon, also könnte man überlegen, was das bedeutet.

TeilnehmerIn: Kontakt zur Öffentlichkeit. Etwas, das mit einem Pflegeberuf zu tun hat.

Howard: Gut. Dann würde Luntz sagen, man solle sich jeden Planeten anschauen, der einen engen Aspekt zum MC selbst bildet. Das ist Regel Nr. 1b. Das Ergebnis ist etwas anders. Ihr MC steht auf 21° Schütze, und wir suchen nach etwas, das einen engen Aspekt zu ihm bildet. Neptun bildet ein Trigon aus dem 6. Haus heraus. Dem würde Luntz eine hohe Bedeutung beimessen. Es ist sehr schön, wenn man Trigone vom 6. ins 10. Haus hat, denn es bedeutet, dass die Art, wie man arbeitet – denn im 6. Haus geht es um die eigene Einstellung zur Arbeit –, oder die angeborenen Fähigkeiten, die man hat, die Umsetzung der eigenen Berufswahl sehr gut unterstützen. Wenn sie ein Quadrat vom MC ins 6. Haus hätte, dann müsste man sich Gedanken darüber machen, ob ihre Einstellung zur Arbeit ihr vielleicht Schwierigkeiten in ihrem Beruf bereitet. Uranus bildet ein Quadrat mit 8° Orbis zum MC. Das könnte bedeutsam sein, obwohl der Orbis sehr weit ist. Vielleicht hat ihre Arbeit etwas Schockierendes.

Dann nennt Luntz noch eine weitere Regel. Nennen wir sie einmal Regel 1c, die besagt, dass man das Zeichen beachten soll, in dem Saturn steht. Der Grund, den er dafür nennt, ist, dass Saturn im natürlichen Tierkreis der Herrscher des 10. Hauses ist. Er meint das nicht psychologisch. Er sagt, Saturns Zeichen und evtl. auch Saturns Haus könne einem weiterhelfen, weil Saturn der natürliche Herrscher des 10. Hauses ist.

In diesem Horoskop steht Saturn im Skorpion im 8. Haus. Glauben Sie, dass die Menschen, mit denen sie arbeitet, immer nur glücklich sind? Es sieht eher sehr tief gehend und intensiv aus. Ich sagte eben schon, dass man nach Saturn schauen sollte, nicht weil er der natürliche Herrscher des 10. Hauses ist, sondern weil er uns zeigt, wo wir Ängste haben. Wir wollen uns diesen Ängsten stellen, und aus dem Grund kann es sein, dass wir uns eine Arbeit suchen, die uns genau damit konfrontiert. Vielleicht haben ihre Ängste vor Themen des 8. Hauses – Angst vor dem Tod, Angst vor tiefen Emotionen, mit Saturn im Skorpion – sie dazu gebracht, einen Beruf anzunehmen, um diesen Ängsten zu begegnen. Jemand mit Saturn in Schütze macht vielleicht einen Beruf aus den Themen des Reisens oder der Philosophie, weil er damit zu kämpfen hat. Er ringt mit der Zukunft, mit Ideen und Ansichten. Wo auch immer Saturn in Zeichen und Haus steht, dort versuchen wir entweder, zu leugnen, was wir sind, oder wir kompensieren, um gut in dem Bereich zu werden, in dem wir uns unsicher fühlen.

Dann schreibt Luntz etwas, das ich nicht tun würde. Es gehört alles noch zu Regel 1 – alles, was mit dem 10. Haus zu tun hat. Er schreibt: »Schauen Sie nach, ob es Planeten im Steinbock gibt«, der im natürlichen Tierkreis als Zeichen dem 10. Haus zugeordnet ist. Er sagt, wenn Planeten im Steinbock stehen, selbst wenn diese nicht mit dem 10. Haus verbunden sind, dann könnte dies einen Bezug zum Beruf aufweisen. Sollte Ihnen dabei wirklich etwas auffallen – zum Beispiel wenn keine Planeten im 10. Haus stehen und Sie nichts Rechtes für den Herrscher von 10 und für Saturn gefunden haben –, dann lohnt sich ein Blick in das Zeichen Steinbock. Befindet sich Venus im Steinbock, könnte man zum Beispiel eine künstlerische Tätigkeit ausüben. Wenn Merkur im Steinbock steht, dann schreibt oder unterrichtet man vielleicht oder man hat etwas mit Kommunikation zu tun. So würde Luntz vorgehen, was jetzt nicht unbedingt meine erste Präferenz wäre.

Damit ist das Thema 10. Haus abgeschlossen.

Das 6. Haus

Als Nächstes schlägt Luntz für eine Horoskopanalyse in Bezug auf berufliche Eignung oder Berufung vor, sich das 6. Haus anzuschauen, falls man aus irgendwelchen Gründen aus dem 10. keine Informationen gewinnen kann. Hier habe ich direkt noch etwas hinzuzufügen – etwas, das Luntz empfiehlt, dem ich jedoch nicht zustimme. Nehmen wir einmal an, es gibt einen Planeten im 10. Haus und dieser Planet ist Venus, was auf einen venusbezogenen Beruf hinweisen könnte. Dabei könnte es sich um eine künstlerische Laufbahn handeln, Rechtswissenschaften oder etwas im diplomatischen Dienst oder eine Arbeit, die allgemein mit Beziehungen und Verbindungen zu tun hat. Luntz schreibt dazu: »Zählen Sie die guten Aspekte, die Venus bildet, und die schlechten.« »Gute Aspekte« im Sinne von Luntz sind Trigone, Sextile und harmonische Konjunktionen wie Venus in Konjunktion zu Jupiter, und »schlechte Aspekte« sind Quadrate, Oppositionen und schwierige Konjunktionen wie etwa Mars in Konjunktion zu Saturn. Er sagt, wenn es mehr schlechte als gute Aspekte gibt, dann solle man das 10. Haus völlig außer Acht lassen und sich direkt dem 6. zuwenden. Dem stimme ich nicht zu. Es ist so, als würde er sagen: »Oh Gott, Ihre Venus im 10. Haus, die ein Signifikator für Ihren Beruf sein könnte, ist schlecht aspektiert – darum vermeiden Sie sie besser.« Das lässt die Tatsache außer Acht, dass man durch diese Herausforderung vielleicht etwas lernen kann.

Ein Teil des Wertes, den unser Beruf für uns haben kann, ist, dass er möglicherweise eine verwandelnde Erfahrung für uns bereit hält. Man kann aus den Themen, die sich im Berufsalltag ergeben, genauso viel lernen wie durch Beziehungen oder durch die Meditation mit einem Guru. Arbeit bietet uns einen Rahmen, innerhalb dessen man Lektionen fürs Leben erhält und innerhalb dessen man mehr über sich selbst erfährt, doch man muss sich seinen Komplexen schon stellen. Arbeit kann genau das richtige »Gegenüber« sein, das man braucht, um sich durch etwas außerhalb von einem selbst zu entwickeln. Sie ist ein Übungsgelände, welches Saturn als natürlichem Herrscher des 10. Hauses gut gefällt. Aber darauf hat Luntz sich nicht eingelassen. Er schreibt, wenn es zu viele schwierige Aspekte zu einem Planeten im 10. Haus gibt, dann solle man diesem Planeten nicht folgen, weil man darin keinen Erfolg haben wird oder es zumindest sehr schwer wird. Ich würde eher sagen: »Versuchen Sie es, denn es wird Themen zum Vorschein bringen, an denen Sie ohnehin arbeiten müssen und die sich über ihren Beruf ausdrücken.« Sicherlich, wenn Sie eine Löwe-Sonne im 10. Haus hätten und Dompteur werden wollten, dann würde ich die günstigen Aspekte zählen! Stünden Mond oder Neptun im 10. Haus und Sie wollten zur See fahren, hätten aber ein Quadrat vom Mond zu Pluto im 8. Haus, dann sollten Sie sich vielleicht doch noch einmal überlegen, ob Sie wirklich einen Beruf auf dem Wasser ergreifen wollen.

Etwas, was Richard Idemon eindeutig in dem Manuskript, das ich gerade transskribiere, klarstellt, ist, dass er die Worte »gut« und »schlecht« im Zusammenhang mit Aspekten nicht mag. Ihm gefallen noch nicht einmal die Begriffe »leicht« und »schwer« oder »harmonisch« und »dynamisch«. Er hatte vielmehr den Eindruck, dass Quadrate und Oppositionen Aspekte des Widerstands sind – die beiden Planeten, die auf diese Art miteinander verbunden sind, versuchen, einander zu widerstehen, wohingegen bei Trigonen und Sextilen die beiden Planeten mit gegenseitigem Einverständnis zueinander finden. Sie vermischen sich und fühlen sich wohl in der Zusammenarbeit miteinander. Ich halte es für eine gute Idee, von Aspekten des Widerstands und der Akzeptanz zu sprechen, anstatt von guten, schlechten oder harmonischen Aspekten.

Dem fügte er noch etwas anderes, sehr Interessantes hinzu. Seinem Empfinden nach ist der Begriff Opposition ein Fehlgriff. Richard war Amerikaner. Er war der Ansicht, man sollte die Opposition *Ergänzung* nennen, weil Gegensätze sich häufig ergänzen. Für ihn ist das Quinkunx eher eine Opposition, weil wir es hier mit zwei Planeten in kontrastierenden Elementen zu tun haben. Außerdem stehen die Planeten in völlig verschiedenen Bereichen. Man hat einen Planeten in einem persönlichen Haus im Quinkunx zu einem Planeten in einem sozialen Haus, wie zum Beispiel etwas in Haus 1 im Quinkunx zu etwas in Haus 8. Das 1. ist ein persönliches Haus, das 8. jedoch ist ein soziales Haus, weil es sich mit den gemeinsamen Ressourcen befasst. Planeten im Quinkunx haben nichts miteinander gemein, während Zeichen, die sich in der Opposition gegenüberstehen, sich auf irgendeine Art und Weise miteinander verbinden. Für ihn ist also das Quinkunx eher eine Opposition. Ein interessanter Blickwinkel, finde ich.

Gut, gehen wir in unserer Betrachtung zurück zu Luntz. Ich bin der Ansicht, dass wir im 6. Haus Fähigkeiten finden, die uns einzigartig machen, Ressourcen, die wir haben und die es wert sind, entwickelt zu werden. Es sind die Ressourcen, die uns als einzigartigen Menschen definieren können, als ein Individuum. Das 6. Haus hat etwas damit zu tun, welche Einstellung wir gegenüber einer Arbeit haben. Und es hat auch etwas mit Ungleichheit zu tun – ich nenne das 6. Haus das »Haus der ungleichen Beziehungen«. Wenn Sie jemandem vorgesetzt sind, dann wird Ihr Mitarbeiter durch das 6. Haus repräsentiert, und wenn Sie einen Vorgesetzten haben, dann wird dieser ebenfalls im 6. Haus sichtbar. Haben Sie eine Saturn/Pluto-Konjunktion mit schwierigen Aspekten im 6. Haus, dann müssen Sie mit Problemen mit Menschen rechnen, die für Sie arbeiten. Vielleicht brennt Ihr Au-pair-Mädchen mit Ihrem Mann durch oder Sie geraten mit dem Kfz-Mechaniker aneinander, der Ihr Auto repariert. Falls Sie selbst Autos reparieren, dann haben Sie vielleicht Probleme mit Ihrem Chef. Das 6. Haus zeigt, wie Sie mit den Menschen auskommen, die für Sie arbeiten, wie Sie sich als Chef oder Chefin anstellen und auch welche Art von Mitarbeiter Sie selbst sind.

Im 7. Haus geht es um gleichberechtigte Beziehungen, aber das 6. präsentiert uns immer Situationen, in denen keine Gleichberechtigung existiert. Auch unser Karma mit Mitarbeitern zeigt sich im 6. Haus. Wenn Sie Venus in 6 haben, dann verlieben Sie sich vielleicht in einen Ihrer Mitarbeiter. Befindet sich Ihr Pluto in diesem Haus, dann gibt es womöglich heftige Unterströmungen zwischen Ihnen und Ihren Mitarbeitern. Wie ich bereits sagte, das 6. Haus zeigt, wie Sie an Ihre Arbeit herangehen. Aus der Perspektive des 10. Hauses, das viel sichtbarer ist, sieht das ganz anders aus – hier erkennt man, wie Sie gesehen werden wollen, als was Sie gesehen werden wollen –, und das kann sich von Ihrer Einstellung zur Arbeit völlig unterscheiden.

Im Grunde macht Luntz das Gleiche mit dem 6. Haus wie mit dem 10. Bezeichnen wir dies als Regel zwei. Schauen Sie sich die Planeten im 6. Haus an. Gibt es dort etwas, das ein Hinweis auf bestimmte Fähigkeiten sein könnte? Beispielsweise mit Saturn an dieser Stelle würde die Tatsache, dass Sie methodisch, ausdauernd und diszipliniert sind, beschreiben, welche Art von Arbeit Ihnen liegt, weil Ihr Zugang zur Arbeit saturnischer Art ist. Uranus im 6. Haus mag es nicht, wenn ihm jemand bei der Arbeit ständig über die Schulter schaut. Uranus hat eine Abneigung gegen Stechuhren. Mars im 6. Haus hat es womöglich am liebsten, wenn er allein für seine Aufgabe verantwortlich ist, ohne jemandem Rechenschaft ablegen zu müssen. Mit Neptun in 6 ist die Einstellung zur Arbeit vielleicht nicht immer die gleiche – manchmal bringt man sich voll ein, dann wieder schläft man bei der Arbeit fast ein, und manchmal fühlt man sich total inspiriert.

Als Nächstes würde Luntz sagen, wir sollten uns das Zeichen anschauen, in dem der Planet steht. Nennen wir das einmal Regel 2a. Ob sich Planeten im 6. Haus befinden oder nicht, wir betrachten die Zeichen an der Häuserspitze. Dann sucht man nach dem Herrscher des Zeichens an der Häuserspitze und untersucht ihn auf seinen Zeichen- und Häuserstand sowie auf seine Aspekte. Erinnern Sie sich noch an Regel 1b, wo wir geschaut haben, ob es Planeten gibt, die das MC aspektieren? Diese Regel wendet Luntz beim 6. Haus nicht an.

Als Regel 2b, die der Regel 1c entspricht, nennt er die Untersuchung von Merkurs Position im Horoskop, weil Merkur der natürliche Herrscher des 6. Hauses ist. Auf die Idee bin ich nie gekommen, aber es stimmt, man könnte aus der Stellung von Merkur Hinweise über den Beruf erhalten, weil er der natürliche Herrscher des 6. Hauses ist. Ich schaue mir Merkurs Aspekte normalerweise daraufhin an, wie man mit seinen Geschwistern klarkommt, aber Merkurs Aspekte können natürlich genauso Aufschluss darüber geben, wie man mit Kollegen zurechtkommt. Sehr häufig gibt es zwischen der Erfahrung mit Geschwistern und der mit Kollegen einen Zusammenhang. Das 3. Haus steht im Quadrat zum 6., wenn man also unter Geschwistern Rivalität erlebt hat, dann könnte sich das auf die Menschen, mit denen man zusammenarbeitet, übertragen. Nehmen wir einmal an, Sie versuchen beide, Ihrem Chef zu gefallen – das ist doch genau das Gleiche, als würden Sie versuchen, die Liebe von Mama und Papa zu gewinnen. Unerledigte Angelegenheiten mit Geschwistern können bei Kollegen wieder zum Vorschein kommen.

Nachdem Sie sich Merkur im Zeichen angeschaut haben, empfiehlt Luntz, das Zeichen Jungfrau zu untersuchen, ob dort irgendwelche Planeten stehen. Wenn Sie also gar nichts finden, können Sie die Planeten in der Jungfrau betrachten, um dort etwas über den Beruf zu finden. Wir können ja ein wenig mit dem Horoskop experimentieren, das ich an die Wand projiziert habe, und dem 6. Haus zuwenden. Welche Fähigkeiten könnte diese Frau möglicherweise mit Merkur an dieser Stelle haben? Ganz offensichtlich verfügt sie über kommunikative Fähigkeiten.

TeilnehmerIn: Sie hat eine starke Unterscheidungsfähigkeit.

Howard: Merkur steht in Löwe, das heißt, sie kann wahrscheinlich gut mit Menschen auf einer Herzensebene kommunizieren. Neptun befindet sich außerdem im 6. Haus. Welche Qualitäten fügt Neptun ihrer Arbeit noch hinzu?

TeilnehmerIn: Heilung. Vorstellungskraft. Fürsorge. Inspiration.

Howard: Gut. Als Nächstes würde Luntz sich das Sextil von Merkur zu Venus anschauen, welches ihrem sprachlichen Ausdruck eine gewisse Gefälligkeit verleiht. Das hilft ihr sicherlich dabei, mit dem, was sie tut, erfolgreich zu sein. Mars im Trigon zu Merkur fügt ihrer Fähigkeit zur Kommunikation noch einen gewissen Nachdruck hinzu. Sie sehen, die Aspekte verraten uns einiges.

Eingeschlossene Zeichen

TeilnehmerIn: Schreibt Luntz etwas über eingeschlossene Zeichen? Es würde mich interessieren zu erfahren, was es bedeutet, wenn ein Zeichen im 10. Haus eingeschlossen ist.

Howard: Ich kann Ihnen sagen, welche Ansicht ich zu eingeschlossenen Zeichen habe. Meiner Meinung nach sind Planeten in eingeschlossenen Zeichen genauso wirksam wie solche, die nicht eingeschlossen sind.

TeilnehmerIn: Ich dachte mehr an das Zeichen, weniger an die Planeten.

Howard: Ich bin zwar der Ansicht, dass man sich das Zeichen an der Häuserspitze als Erstes anschauen sollte, aber das eingeschlossene Zeichen ist gleichermaßen wichtig für die Interpretation des Hauses. Nehmen wir einmal an, Sie hätten 29° Fische am MC. Das Zeichen an der Spitze ist besonders einflussreich, aber wenn sich der letzte Fischegrad am MC befindet, dann haben Sie eine Menge Widderenergie im 10. Haus, selbst wenn Widder nicht ganz eingeschlossen ist, insofern spielt auch dieses Zeichen eine wichtige Rolle. Was den Beruf angeht, so könnte man an eine Mischung aus Fische und Widder denken, etwa wie ein Fischer, der es riskiert, sein Boot in gefährliches Gewässer zu lenken, wo sonst niemand hinfährt, um einen ganz besonderen Fisch zu fangen. Oder Sie könnten ein Künstler sein, der eine kontroverse neue Technik oder einen ganz eigenen Stil entwickelt. Ich habe mich damit beschäftigt, als ich das Buch *Astrologische Häuser und Aszendenten* schrieb. Und wie ich bereits sagte, können Planeten in eingeschlossenen Zeichen genauso wirksam wie Planeten in nicht eingeschlossenen Zeichen sein. Das ist zumindest mein Empfinden. Andere Astrologen mögen das anders sehen. Aber da ich drei eingeschlossene Planeten im Löwen im 7. Haus habe, weiß ich, dass sie vorhanden sind, und meine Partner wissen das auch!

Das 2. Haus

Als Nächstes schauen wir uns das 2. Haus an. Luntz sagt, dass das 2. Haus nicht so sehr ein Indikator für unsere Berufstätigkeit ist, sondern dafür, ob wir Geld verdienen bzw. ob wir durch unseren Beruf etwas gewinnen oder etwas verlieren. Dem stimme ich nicht ganz zu. Ich glaube, dass das 2. Haus mit Ressourcen zu tun hat, die uns mehr Selbstvertrauen und Selbstwert verleihen, wenn wir sie entwickeln. Selbstwert lässt sich auch in Geldwert ausdrücken. Insofern würde ich das 2. Haus im Hinblick auf die Fähigkeiten eher ähnlich wie das 6. Haus betrachten – wenn wir sie entwickeln, dann fühlen wir uns gesicherter und wertvoller.

Betrachten wir das 2. Haus psychologisch, dann symbolisiert

es all das, was Sicherheit für uns bedeutet. Es ist das Stier-Haus – das, was uns ein Gefühl von Festigkeit verleiht. Wenn wir die Planeten und Zeichen im 2. Haus konstruktiv entwickeln, dann fühlen wir uns sicherer und mehr wert. Es ist das Haus der Werte. Haben Sie Merkur im 2. Haus, dann bekommen Sie durch die Weiterentwicklung Ihrer sprachlichen und intellektuellen Fähigkeiten ein größeres Selbstvertrauen und Selbstwertgefühl und können durch merkurische Arbeit auch Geld verdienen. Das ist etwas, das einen Wert für Sie hat.

Menschen wertschätzen ganz unterschiedliche Dinge. Manche Menschen reisen gern mit leichtem Gepäck. Sie bevorzugen Unabhängigkeit, weshalb sie diese auch in ihrer Arbeit suchen. Das, was sie besonders mögen, hat einen Einfluss auf die Wahl, die sie in ihrem Beruf treffen. Für einige Menschen ist Sicherheit sehr wichtig. Andere Menschen legen großen Wert darauf, dass ihr Haus schön eingerichtet ist. Anderen Menschen wiederum ist das gar nicht von Bedeutung. Das 2. Haus beschreibt, was uns Sicherheit gibt, was uns ein gutes Gefühl vermittelt. Aus diesem Grunde bemühen wir uns darum, es weiterzuentwickeln, weil es uns dieses positive Gefühl verleiht und Selbstwert gibt.

TeilnehmerIn: Man könnte das 2. Haus als Talent interpretieren.

Howard: Ein Talent hat zwei Bedeutungen. Erstens bedeutet es Geschenk, etwas, worin man von Natur aus gut ist. Aber es ist auch der Name einer alten Münze, eines alten Geldstücks. Talent ist daher ein anderes Wort für Geld. Bei vielen Menschen habe ich beobachtet, wie sie aus den Planeten in ihrem 2. Haus einen Beruf gemacht haben. Ich habe Menschen mit Neptun im 2. Haus gesehen, die Geld durch Musik oder Heilung verdient haben. Jemand, dessen Pluto sich dort befindet, könnte Geld durch Erdminen verdienen oder dadurch, dass er bei der U-Bahn arbeitet, oder indem er als Therapeut tätig ist.

59

TeilnehmerIn: Ich habe Jupiter im 2. Haus und arbeite im Verlagswesen.

Howard: Ich bin etwas anderer Ansicht als Luntz über Planeten im 2. Haus. Er sieht das 2. Haus lediglich als einen Weg an, Geld zu verdienen, nicht als wirkliche Berufung. Wenn eine harmonische Verbindung zwischen dem 2. und dem 10. Haus existiert, dann verdienen Sie mit Ihrem Beruf auch Geld. Gibt es diese Verbindung nicht, dann fällt es Ihnen unter Umständen schwer, damit Geld zu verdienen bzw. Sie bringen das Geldverdienen und Ihre Berufung nicht wirklich unter einen Hut. Ich bin allerdings der Ansicht, dass ein Planet im 2. Haus auch die wirkliche Berufung beschreiben kann.

So, wir befassen uns nun mit dem 2. Haus, und Sie können die Schritte mittlerweile schon selbst verfolgen. Die Vorgehensweise ist genau die gleiche wie beim 10. und 6. Haus. Was schauen wir uns als Erstes an?

TeilnehmerIn: Planeten.

Howard: Genau, Planeten, die im 2. Haus stehen. Bezeichnen wir dies mit Regel Nr. 3. Wenn es dort keine Planeten gibt, dann schauen wir uns als Nächstes das Zeichen an der Spitze des Hauses an. Was würden Sie dann tun? Sich den Herrscher des Hauses betrachten, seine Häuserposition, sein Zeichen und seine Aspekte.

Ich freue mich, Ihnen so viele neue Informationen geben zu können! Hier ist etwas, das Sie vielleicht noch nicht wissen. Etwas, das mir besonders gut gefällt. Luntz sagt, wenn die Venus bis dahin noch nicht im Spiel war (womit er sagen will, wenn Sie überhaupt nicht mehr weiter wissen und weder Informationen aus den Planeten im 2. Haus noch aus dem Zeichen an der Spitze und seinem Herrscher gezogen haben), dann sollte man sich das Zeichen anschauen, in dem die Venus steht, weil sie die natürliche Herrscherin des 2. Hauses ist. Ich würde meine Empfehlung für einen Berufsweg jetzt nicht allein auf das Zeichen der Venus gründen, aber es ist eine Ergänzung. Das ist Regel Nr. 3b. Regel 3c wäre dann, nach Planeten in welchem Zeichen zu schauen? Stier, denn Stier ist das natürliche Zeichen des 2. Hauses.

Luntz schreibt weiterhin, man solle sich die Aspekte zwischen Planeten betrachten, die einen Bezug zum 10., 6. und 2. Haus haben. Zum Beispiel könnte ja der Herrscher des 2. Hauses im Trigon zu etwas im 10. Haus stehen oder der Herrscher des 2. Hauses könnte sich im Trigon zum Herrscher des 6. Hauses befinden. Das ist immer ein guter Hinweis über Verdienstmöglichkeiten durch den Beruf. Falls der Herrscher von 6 in einem förderlichen Aspekt zum Herrscher von 10 steht, dann ist das ein guter Hinweis darauf, dass die Art, wie man arbeitet, dem, was man erreichen will, dienlich ist.

Ich möchte Luntz hier nicht völlig niedermachen, denn das Buch wurde immerhin vor 50 Jahren geschrieben, und er hat auf jeden Fall einige interessante Einsichten mitzuteilen. Einiges erscheint einem heutzutage ziemlich belustigend. Ich habe mir vorzustellen versucht, wie jemand in 50 Jahren mein Buch *Astrologische Häuser und Aszendenten* liest und sich totlacht. »Schau mal, was er hier schreibt!« Deswegen möchte ich nicht allzu gemein gegenüber Luntz sein. Wenn Sie einmal ein Exemplar in die Finger bekommen, dann wird Sie einiges aber sicherlich zum Lachen bringen, auch weil die Sprache schon ein wenig veraltet ist.

TeilnehmerIn: Was sagt er über Uranus im 2. Haus?

Howard: Werden Sie Astrologe. Lassen Sie uns auf das Horoskop zurückkommen, das ich an die Wand geworfen habe. Wir haben uns das 2. Haus noch gar nicht angeschaut. Stehen dort irgendwelche Planeten?

TeilnehmerIn: Chiron.

Howard: Was könnten ihre Ressourcen sein?

TeilnehmerIn: Heilung.

Howard: Ja, das Thema kommt offenbar immer wieder auf. Und Chiron steht im Stier, dem natürlichen Zeichen des 2. Hauses. Werfen wir einmal einen Blick auf seine Aspekte. Er befindet sich im Sextil zum Mond, im Trigon zu Neptun und im Sextil zu Jupiter. Jupiter herrscht über das 10. Haus, das heißt, wir haben hier einen förderlichen Aspekt zwischen einem Planeten im 2. Haus und dem Herrscher des 10. Hauses – man kann also damit rechnen, dass sie materiellen Erfolg hat mit dem, was sie tut. Neptun steht im 6. Haus. Wir haben also auch eine gute Verbindung zwischen der Art und Weise, wie sie arbeitet, und ihren Aussichten darauf, Geld zu verdienen. Alle drei Häuser sind wunderschön miteinander verbunden. Venus befindet sich in den Zwillingen im 3. Haus, herrscht jedoch über das 2. – was sagt das über mögliche Eigenschaften aus, die sie hat und die ihr im Bereich Arbeit und Geldverdienen zugute kommen? Kommunikation und Lehren. Dieses Thema hatten wir durch Merkur im 6. Haus schon einmal.

TeilnehmerIn: Schreibt Luntz irgendetwas über das Gesetz der Drei – dass etwas mehr als einmal im Horoskop auftauchen muss, um als signifikant zu gelten?

Howard: Nein, er schreibt nichts darüber, aber ich würde es folgendermaßen ausdrücken: Alles, was im Horoskop eine besondere Bedeutung hat, taucht dreimal auf verschiedene Art und Weise auf. Es ist ein Thema, das sich im ganzen Horoskop wiederholt.

TeilnehmerIn: Kommt auch die dunklere Seite Chirons irgendwie zum Vorschein oder nur die Seite des Lehrers?

Howard: Ich sehe Menschen mit einem prominenten Chiron
häufig mit einer Wunde behaftet. Es kann eine offensichtliche
Wunde sein oder auch nicht, doch sie ist auf alle Fälle unheilbar.
Gerade durch diese Wunde haben diese Menschen eine Art von
Weisheit oder Kreativität entwickelt, die für andere Menschen
sehr inspirierend und hilfreich sein kann. Ich weiß nicht genü-
gend über das Leben dieser Frau, aber sie könnte durchaus eine
tiefe Verwundung haben, die ihr dazu verhalf, besonders gut in
ihrer Arbeit zu werden. Chiron ist auch ein Erzieher – er ist
sowohl Lehrer als auch Heiler.

TeilnehmerIn: Ich dachte an das 2. Haus und um welche Wunde
es sich hierbei wohl handeln könnte.

Howard: Vielleicht steht er für eine Wunde ihres Körpers oder
des Bildes, das sie von ihrem Körper hat, oder für ihr Gefühl des
Überlebens. Sie war eine von Drillingen, was ich mir etwas seltsam vorstelle, weil man ja sozusagen in der Warteschlange steht.
Schon sehr früh hat man wahrscheinlich ständig das Gefühl:
»Ist auch genug für mich da? Wann bin ich an der Reihe?« Außerdem war sie die Kräftigste von den dreien, das heißt, sie
wurde möglicherweise am meisten vernachlässigt, wenn Sie
wissen, was ich meine. Beispielsweise waren die anderen vielleicht bedürftiger, das heißt, es könnte Körper- und Überle-
bensthemen geben, die zu einer Verletzung geführt haben. Ich
weiß nichts über mögliche anfängliche Geldprobleme und glaube nicht, dass sie in der Kindheit Verletzungen zum Thema
Geld erlitten hat, etwa dass ihre Eltern arm gewesen wären. Ich
glaube, die Wunde bestand mehr in ihrem Selbstwertgefühl
oder in dem Überleben ihres physischen Körpers.
    Ich werde Ihnen gleich sagen, um wen es sich handelt, aber ich
möchte noch ein bisschen warten, weil ich glaube, dass ihre

Berufung sich durch ihre Sonne, den Aszendenten und das Zeichen Saturns stärker zeigt als durch alles andere sonst. Obwohl Luntz' Regeln wirklich funktionieren, bestätigen und verfeinern sie im Grunde nur, was die Sonne, der Aszendent und Saturn aussagen. Sie war sehr erfolgreich, wie Sie sehen werden, weil sie eine Tätigkeit gefunden hat, die so viele Aspekte ihres Horoskops vereint. Denn unsere wahre Berufung ist es, wir selbst zu sein. Mark Twain sagte einmal: »Das Geheimnis des Erfolges liegt darin, aus der Arbeit ein Vergnügen zu machen.« Und Noel Coward sagte: »Arbeit macht mehr Spaß als der Spaß.« Wenn einen etwas wirklich packt, dann hat man daran zuweilen mehr Freude als an etwas, das einem ganz offensichtlich diese Freude bereiten soll.

Nicht traditionelle Signifikatoren

Der Aszendent

Lassen Sie mich jetzt meine Signifikatoren aufzählen. Liz Greene und ich haben des öfteren darüber diskutiert, und ich präsentiere Ihnen nun das Ergebnis. Wir sind etwas unterschiedlicher Auffassung darüber, in welcher Reihenfolge wir die Faktoren betrachten sollen, aber wir schauen uns dieselben Dinge an und kommen zum gleichen Schluss. Liz Greene sieht sich zuerst den Aszendenten als Signifikator an, mit allem, was damit zusammenhängt, also nicht nur das Zeichen am Aszendenten, sondern auch den Herrscher des Aszendenten und seine Platzierung in Zeichen, Haus und Aspekt. Sie sieht sich außerdem Aspekte zum Aszendenten an, wie z.B. ein exaktes Saturnquadrat. Obwohl auch für Liz die Sonne ein wichtiger Bestandteil ist, widmet sie sich diesem ganzen Bereich zuerst, um sich ein Bild über den Beruf zu machen, denn ihrer Ansicht nach hat der Aszendent sehr viel mit der Reise dahin zu tun, was wir werden sollen. Sie würde sagen, die Sonne drückt aus, welche Art von Held oder Heldin wir sind, aber der Aszendent ist die Reise, die der Held unternimmt, um das zu werden, was er oder sie ist.

Ich glaube auch, dass der Aszendent der Weg zur Sonne ist. Der Beruf, den man ausübt, ist das äußere Mittel, um zu dem zu werden, was wir sind – oder, wie Liz Greene es ausdrücken würde, um zu dem Held zu werden, der wir sind bzw. zu dem Mythos zu kommen, dem wir folgen. Indem wir die Qualitäten des Zeichens am Aszendenten entwickeln, verbessern wir auch die Qualitäten unseres Sonnenzeichens. Das kann einem zuweilen paradox erscheinen. Wenn man zum Beispiel ein Widder ist mit Steinbock am AC, dann entfaltet man durch die Entwicklung von Disziplin und Strukturierung der eigenen Zeit – sowie dadurch, dass man lernt, lange genug an einem Ort zu bleiben – die eigene Führungskraft und die Fähigkeit, andere zu inspirieren und zu initiieren. Wenn man hingegen eine Fische-Sonne mit Waage am Aszendenten hat, dann entwickelt man durch den Kontakt zu Menschen, durch kreatives künstlerisches Schaffen oder durch ein größeres Gleichgewicht im Leben das eigene Sonnenzeichen, was in dem Fall heißt, dass man die Art von Heilung findet, die man ausüben kann, oder die Art von spirituellem Weg, den man sucht. Der Aszendent ist der Boden, auf dem die Sonne zu dem erblüht, was man ist.

Wir brauchen jetzt nicht alle Aszendentenzeichen durchgehen, sollten uns aber doch das ein oder andere kurz anschauen. Wenn man Widder am AC hat, welchen Mythos muss man dann ausleben?

TeilnehmerIn: Den Helden.

Howard: Eine bestimmte Art von Held, ja, ein Held, der mit etwas kämpfen muss. Widder muss der Champion sein, muss für das kämpfen, woran er glaubt. So sieht es Liz Greene – Widder ist der Ritter, der für eine Sache kämpft. Um also etwas zu finden, was dieser Mensch als Berufung ansehen kann, muss er eine Arbeit finden, zu der der Kampf für das, woran man glaubt, dazugehört – ein Kreuzzug oder eine Mission.

TeilnehmerIn: Man braucht etwas, woran man glauben kann.

Howard: Man braucht eine Suche, einen Auftrag, so wie Jason, der unterwegs war, um das Goldene Vlies zu holen. Man braucht das Gefühl, dass es hier um etwas geht, dass man die Welt verändert und verbessert. Wie ist es, wenn man Zwillinge am AC stehen hat? Was ist der persönliche Mythos, den wir mit den Zwillingen assoziieren oder mit dem Gott Merkur? Welche Rolle in der Mythologie fällt ihm zu? Was war er?

Teilnehmer: Der Götterbote.

Howard: Ja, Merkur war Zeus' persönliches Faxgerät. Er war der Bote der Götter. Das ist ein Aspekt seines Wesens. Wenn wir also Merkur als Herrscher des Aszendenten haben, dann hat unser Mythos damit zu tun, Informationen auszutauschen oder Waren von einem Ort an einen anderen zu bringen. Findet man also eine Arbeit, in der es darum geht, dann kommt man sehr nah an die wahre Berufung heran, weil man den eigenen Mythos auslebt – man ist gegenüber dem Gott in sich selbst wahrhaftig.

TeilnehmerIn: Wie ist das bei Schütze?

Howard: Was glauben Sie, könnte einer der Mythen des Schützen sein?

TeilnehmerIn. Geht es dabei um Philosophie? Ich dachte an Jupiter. Oder an den Bogenschützen, der seinen Pfeil in das Auge des Stieres schießt?

Howard: Hier geht es darum, das eigene Glaubenssystem oder die eigene Philosophie mit anderen zu teilen, oder auch darum, andere Menschen mental, spirituell oder materiell zur Erweiterung zu verhelfen. Ich sehe Schütze zuweilen als den Coach an, der zu seinem Team sagt: »Nun schaut mal alle, was wir tun können!« Oder es könnte ein Literatur- oder Kunstagent sein, der sagt: »Ich sehe großartige Dinge für Sie voraus.« Es könnte auch jemand sein, der weiter und schneller vorankommen möchte – ein Rennfahrer, ein Reisender. Schütze braucht eine Arbeit, die nach etwas dort draußen sucht – etwas, das man erreichen möchte, aber das sich ständig verändert und das jedes Mal größer wird, wenn man sich ihm nähert. Dieser Mensch muss auch die Gelegenheit haben, seine Begeisterung mit anderen teilen zu können. Was genau man mit dieser Konstellation anfängt, ist eigentlich egal, die Hauptsache ist, dass man etwas tut, das die Sicht anderer erweitert oder wodurch man seine Überzeugungen und Weltanschauung mitteilt oder wodurch man sich und andere im Hinblick auf Weisheit und den Sinn des Lebens erzieht. Wenn das gegeben ist, dann kommt dieser Beruf einer Berufung nahe, dem wahren inneren Ruf.

Die Sonne

Liz Greene schaut sich also den Aszendenten als einen Weg zur Sonne an. Ich gehe direkt zur Sonne, entweder noch bevor ich den Aszendenten betrachte oder gleichzeitig. Die Sonne ist das Herz des Horoskops. Alles kreist letztlich um die Sonne, und je älter wir werden, desto häufiger können wir die anderen Planeten im Horoskop dazu nutzen, dem Sonnenzeichen zu dienen. Befindet sich Ihre Sonne im Widder und es ist Ihre Aufgabe, zu initiieren oder zu führen, und Ihr Mond steht in Krebs, dann können Sie Ihre Sensibilität anderen Menschen gegenüber einsetzen, um ein besserer Führer zu sein. Oder wenn Ihre Sonne im Widder steht und Saturn im Steinbock, dann können Sie etwas über den richtigen Energieeinsatz lernen, um wirklich eine gute Führungspersönlichkeit zu werden und es nicht zu übertreiben. Ich bin davon überzeugt, dass es letztlich darum geht, alle persönlichen Planeten in den Dienst an das zu stellen, wofür die Sonne steht, weil sich alles um sie dreht.

Wenn wir jung sind, dann sind wir noch nicht so. Wir leben vielleicht einige Jahre unseren Mars, dann ein paar Jahre unseren Jupiter. Die Sonne hat zu Anfang unseres Lebens nicht alles im Griff, doch das ändert sich, wenn wir älter werden. Liz Greene würde dazu noch sagen, dass der Aszendent vor dem 30. Lebensjahr noch gar nicht zu seinem Recht kommt, also nicht vor der ersten Saturn-Wiederkehr. Sie sagt auch, dass wir in jungen Jahren häufig gegen unseren Aszendenten ankämpfen. Deswegen finden wir Steinbock-Aszendenten, die wahre Rebellen sind, nicht zur Ruhe kommen wollen und sich gegen Einschränkungen auflehnen. Ich habe schon häufiger junge Steinbock-Aszendenten gesehen, selbst junge Menschen mit einer Steinbock-Sonne, die sehr rebellisch waren und die mit ihrem Vater oder anderen Autoritätsfiguren im Clinch lagen. Später konnten sie diesen Teil von sich viel besser akzeptieren. Oder man trifft auf Widder-Aszendenten, die eher durchsetzungsschwach sind, bis sie einsehen, dass es wichtig für sie ist, Risiken auf sich zu nehmen und sich zu behaupten, selbst wenn andere nicht damit einverstanden sind. Liz Greene sagt, dass wir unseren Aszendenten zuweilen ablehnen, aber dass wir ihn vom Leben häufig aufgezwungen bekommen, wenn wir älter werden.

Ich bin immer sehr froh, wenn jemand einen Beruf hat, der das Haus widerspiegelt, in dem seine Sonne steht. Wenn ich jemanden mit einer Sonne im 12. Haus vor mir sehe, der in einer Institution arbeitet, dann finde ich das gut, weil es passt. Das ist wie Musik für meine astrologischen Ohren. Ich mag diesen Klang. Und ich freue mich ebenso, wenn die Arbeit die Aspekte der Sonne zu anderen Planeten widerspiegelt. Ich mag es, jemanden mit Sonne in Konjunktion zu Neptun zu sehen, der einem Heilberuf nachgeht oder irgendetwas Kreatives macht. Jemand mit Sonne in Konjunktion zu Uranus hat vielleicht einen ungewöhnlichen Job – als Astrologe oder er arbeitet mit Computern oder er geht einer Tätigkeit nach, um die Gesellschaft zu verändern oder zu erhellen. Jemand mit der Sonne in Konjunktion zum Mond könnte gut als Kindermädchen arbeiten. Man findet sich selbst durch die Planeten, die im Aspekt zur Sonne stehen. Sie müssen in die persönliche Identität mit integriert werden. So erlebe ich es häufiger, dass jemand sich zu einer Tätigkeit hingezogen fühlt, die einem Planeten im Aspekt zur Sonne entspricht.

Andere Horoskopfaktoren

Der nächste Punkt, den ich für bedeutend halte, ist das Mondzeichen, auch wenn die Sonne und der Aszendent als Signifikatoren des eigenen Mythos wichtiger sind. Der Mond ist deswegen essenziell, weil wir uns wohl fühlen, wenn wir Dinge tun, die unserem Mondzeichen entsprechen. Ich kenne Menschen mit dem Mond in Konjunktion zu Saturn, die aus Mond-Angelegenheiten einen Beruf gemacht haben. Zum Beispiel eine Hebamme mit Mond-Saturn – sie hat aus dem Mondthema einen Beruf gemacht, aber ich glaube, nur weil Saturn dort steht. Manchmal erwählen wir uns auch das Zeichen Saturns oder seine Aspekte zum Beruf. Venus in Konjunktion zu Saturn könnte z.B. ein Model sein. Ich kenne einige Topmodells mit Venus/Saturn-Verbindungen. Venus-Saturn könnte natürlich auch eine Künstlerin sein, genauso wie Saturn im 5. Haus.

Vorhin habe ich bereits von stark besetzten Häusern gesprochen. So hat jemand beispielsweise sechs Planeten im 8. Haus und arbeitet als Bankdirektor, der mit dem Geld anderer Menschen umgeht, oder als jemand, der ein Beerdigungsinstitut hat oder für eine Versicherung tätig ist. Ein Mensch mit sechs Planeten im 5. Haus macht etwas Kreatives oder arbeitet mit Kindern. Wenn das so ist, dann freue ich mich darüber, dass dieser Mensch einen großen Teil seines Horoskops durch seine Arbeit zum Ausdruck bringt.

Wissen Sie, was ich unter einem Einzelgängerplaneten verstehe? Das ist ein Planet, der allein in einem Quadranten oder einer Hemisphäre des Horoskops steht, so wie der Griff an einem Eimer. Wenn in Ihrem Radix der Mars eine Einzelgängerposition einnimmt und alle anderen Planeten woanders stehen, beispielsweise in der anderen Horoskophälfte, dann geht viel Energie durch diesen Mars hindurch. Sie könnten eventuell beim Militär sein, eine Athletin oder ein Feuerwehrmann. Ich halte immer nach Planeten Ausschau, die derart allein stehen.

Auch ein unaspektierter Planet kann wichtig sein. Ich erinnere mich daran, wie jemand mir erzählt hat, dass Shakespeare einen fast unaspektierten Merkur hatte. So kenne ich Frauen mit einem unaspektierten Mond, die berufsmäßig mit Kindern arbeiten. Es ist so, als könne dieser Planet für sich allein funktionieren.

TeilnehmerIn: Mit unaspektiertem Planet meinen Sie keine Hauptaspekte?

Howard: Keine Hauptaspekte – und noch nicht einmal einen genauen Nebenaspekt. Zuweilen trifft man auf einen wirklich unaspektierten Planeten, und der kann dann durchaus signifikant für die Berufswahl sein. Aber häufiger ist mir das in Form eines Einzelgängerplaneten begegnet, der für sich allein steht.

TeilnehmerIn: Ich denke bei einem unaspektierten Planeten immer an etwas, das noch integriert werden muss.

Howard: Ja, genau das meine ich. Aus diesem Grunde ist er so wichtig. Er muss noch integriert werden, und wenn wir eine Tätigkeit ausüben, bei der dieser Planet eine Rolle spielt, dann integrieren wir einen wichtigen Teil von uns in unsere Persönlichkeit. Fehlende Elemente können genauso funktionieren. Kennen Sie die verschiedenen Aspektbilder, wie z.B. die »Schüssel«, wo alles innerhalb einer Opposition steht? Sehr häufig ist der führende Planet der Opposition in diesem Aspektbild ein Signifikator für den Beruf. Wenn Sie beispielsweise eine Venus/Neptun-Opposition als äußeren Rand dieser Aspektfigur haben und Venus der führende Planet ist, dann hat der Beruf möglicherweise etwas mit Venus zu tun. Oder wenn Sie die Aspektfigur eines »Eimers« haben, die im Grunde das Gleiche ist wie eine Schüssel, nur mit einem Einzelgängerplaneten außerhalb der Schüssel, dann kann dieser einzelne Planet der Schlüsselfaktor zu Ihrem Beruf sein.

Ich habe Horoskope mit Saturn als Einzelgänger gesehen, deren Horoskopeigner aus Liebe zur Forschung und Klassifizierung Wissenschaftler wurden. Weiterhin habe ich Jupiter als Einzelgängerplaneten gesehen, wo der Horoskopeigner Philosoph oder Lehrer wurde, weil sich so viel durch einen Einzelgänger kanalisiert. Der führende Planet in einem Horoskop mit Schüsselform, der Griff eines Eimers oder ein Einzelgängerplanet – das alles können Indikatoren für den Beruf sein.

TeilnehmerIn: Welches ist der führende Planet? Ich bringe das immer durcheinander.

Howard: Der führende Planet ist derjenige, der zuerst aufgeht, also im Uhrzeigersinn gesehen. Sie nehmen die Opposition, die die Schüsselfigur begrenzt, und schauen dann, welcher Planet im Uhrzeigersinn die Führung übernimmt und zuerst aufgeht.

TeilnehmerIn: Nehmen wir an, es ist eine Schüssel, die auf dem Kopf steht.

Howard: Dann gilt immer noch das Gleiche – Sie schauen sich die Planeten in der Opposition an, und der, der zuerst aufgegangen ist oder aufgehen wird, im Uhrzeigersinn gesehen, ist der führende Planet. Der Planet, der zuerst aufgeht, ist die Lok, und der nachfolgende der Zug.

Lassen Sie uns dieses Horoskop hier noch abschließen. Der Aszendent befindet sich in den Fischen, was muss also in der Arbeit dieser Frau geschehen?

TeilnehmerIn: Sie muss etwas von sich selbst an andere weitergeben können. Sie muss sich heilender oder spiritueller Arbeit widmen.

Howard: Gut. Dann wollen wir uns die Aspekte zur Sonne einmal genauer anschauen. Wie steht es mit der Sonne in Konjunktion zu Pluto?

TeilnehmerIn: Eine Therapeutin.

Howard: Ja, sie könnte Therapeutin sein. Betrachten wir einmal das Zeichen von Saturn. Steht Saturn im Skorpion im 8. Haus, dann könnte die eigene Angst vor tiefen Emotionen einen dazu führen, in seiner Arbeit eben diese Emotionen zu erforschen. Vielleicht führt auch die Angst vor dem Tod dazu, dass man den Tod erforscht. Wissen Sie, um wen es sich handelt?

TeilnehmerIn: Ist es Elisabeth Kübler-Ross?

Howard: Ja, es ist Elisabeth Kübler-Ross. Sie hat wahre Pionierleistungen in ihrer Arbeit mit Sterbenden vollbracht und ganz hervorragende Arbeit geleistet. Ist das nicht perfekt – jemand mit der Sonne in Konjunktion zu Pluto im Krebs, Saturn im 8. Haus im Skorpion und den Fischen am Aszendenten, der sich um sterbende Menschen kümmert? Ich erzählte ja bereits, dass sie eine von Drillingen war, sie hatte also auch in ihrem persönlichen Erleben einen Bezug zum Tod und zum Sterben. Weiterhin habe ich gehört, dass sie nach dem Krieg mitgeholfen hat, Auschwitz aufzuräumen – sie war eine von denen, die dort geputzt haben. Ursprünglich kommt sie aus einer Schweizer Familie, ihr Vater war Arzt und sie selbst ebenfalls. Etwas an der Sonne/Pluto-Konjunktion beschreibt auch ihren Vater. Pluto hat häufig mit medizinischen Berufen zu tun, weil er versucht, verborgene Krankheiten an die Oberfläche zu bringen. Pluto versucht zu regenerieren, zu reinigen. Pluto steht außerdem in Konjunktion zum nördlichen Mondknoten. Dem, was in Konjunktion zum Nordknoten steht, lohnt es sich zu folgen.

TeilnehmerIn: Sie arbeitet auf eine sehr kreative Art und Weise.

Howard: Ja, so vieles von ihr selbst kommt durch. Falls Sie sie einmal haben sprechen hören, dann werden Sie bemerkt haben, sie selbst ist mindestens ebenso inspirierend wie das, was sie sagt. Es ist unglaublich bemerkenswert. Wie passend es doch ist, mit dem Tod zu arbeiten und Saturn im Skorpion im 8. Haus stehen zu haben. Ich bin mir sicher, sie hatte Angst vor dem Tod, vielleicht teilweise aus ihrer Erfahrung als eine von Drillingen auf die Welt gekommen zu sein. Saturn steht für das, wovor wir wirklich Angst haben. Skorpion hat eine Verbindung zum Tod, zum Verborgenen. Das 8. Haus hat mit dem Tod zu tun. Sehen Sie, wie man aus dem Zeichen, in dem Saturn steht, einen Beruf machen kann?

Durch die traditionellen Signifikatoren erhalten wir weitere Details. Der Herrscher des 10. Hauses befindet sich im Haus der Institutionen. Das 12. Haus ist auch eines der Todeshäuser, weil es für das steht, was sich hinter der körperlichen Erscheinungswelt befindet. Es gibt noch weitere Beispiele für diesen roten Faden in ihrem Horoskop, aber im Grunde wird er durch die Sonne in Konjunktion zu Pluto schon hinreichend beschrieben. Auch der Aszendent fügt sich hier nahtlos ein. Ich bin der Ansicht, man kommt schneller auf ihren Beruf, wenn man sich den Aszendenten und die Aspekte zur Sonne anschaut, als wenn man das 10., 6. und 2. Haus untersucht.

Der persönliche Mythos

Jetzt sollten Sie weitgehend damit zurechtkommen. Wenn also jemand zu einer Horoskopberatung zu Ihnen kommt, dann stellen Sie sich die Frage: »Welcher Gott spricht zu diesem Menschen? Für welchen Gott ist er empfänglich? Welche Arbeit, welche Tätigkeit erlaubt es der betreffenden Person, am besten mit diesem Gott in Verbindung zu treten, oder mit dem Mythos, der auf einer tieferen Ebene in seiner oder ihrer Psyche damit assoziiert wird?«

Man kann viele unterschiedliche Dinge tun und in allem die Essenz des eigenen Mythos zum Ausdruck bringen. Einiges ist ganz offensichtlich – wenn man zum Beispiel eine Zwillinge-Sonne hat und als Taxifahrer oder als Journalist arbeitet. Aber man kann den Mythos der Zwillinge auch auf andere Art und Weise ausdrücken, die nicht so offensichtlich ist. Bei Zwillinge sollte der Job, den man hat, oder zumindest ein Teilaspekt der Tätigkeit mit der Arbeit in einem Radiosender oder Ähnlichem zu tun haben. Auf solche Dinge achte ich beim Zuhören. Wenn mich jemand nach Rat fragt, dann schaue ich mir zwar auch die traditionellen Signifikatoren an, aber im Grunde möchte ich wissen, welchen Gott dieser Mensch repräsentiert, was sich zu verschiedenen Zeitpunkten im Leben auch immer mal wieder ändern kann. Das sind dann unterschiedliche Phasen. So kann dies eine Zeit lang Zeus sein, und Zeus mag es, Macht zu haben. Doch er könnte sich auch in Hephaistos verwandeln, der ganz glücklich damit ist, einige Stunden, Tage, Monate oder Jahre in Ruhe an etwas zu arbeiten. Vielleicht haben Sie einen Aspekt von Jupiter zur Sonne, aber auch ein Menge Planeten in der Jungfrau, und deswegen ändern Sie irgendwann einmal die Richtung.

Falls es sich bei Ihnen um einen Hephaistos-Typus handelt – Vulkan in der römischen Mythologie –, dann könnte sich das dadurch zeigen, dass Sie viele Planeten im 6. Haus haben oder auch viele Planeten in der Jungfrau, wo es einem gut damit geht, allein einer bestimmten Tätigkeit nachzugehen oder sich einem Detail zu widmen, und man keine Menschen um sich herum braucht. In dem Fall müssen Sie noch nicht einmal unbedingt Anerkennung dafür erhalten, da Sie Ihre Tätigkeit an sich genießen. Wenn Sie jedoch ein Dionysos-Typus sind, dann brauchen Sie eine Arbeit, für die Sie eine Leidenschaft hegen. Wenn Sie als Dionysos-Typus etwas tun, woran Sie nicht leidenschaftlich beteiligt sind, dann geht es Ihnen schlecht – und Sie werden alkohol- oder drogenabhängig oder verreisen so oft wie möglich, um zu meditieren. Was aber, wenn Sie ein recht sensibler und emotionaler Dionysos-Typus sind, Ihr Vater jedoch ein Zeus-Typus? Wird er dann Ihre dionysische Seite mögen? Ihr innerer

Mythos mag Ihnen selbst zwar klar sein, doch für Ihre Familie ist er unter Umständen inakzeptabel.

In der Mythologie gibt es das so genannte Bett des Procrustes. Wenn Reisende nach Athen unterwegs waren und Ihnen der Bandit Procrustes am Wegrand auflauerte, dann pflegte er sie auf sein Bett zu legen, und falls sie zu groß dafür waren, dann schnitt er sie zurecht. Waren sie zu klein, dann wurden sie gestreckt, um draufzupassen. Manchmal tun wir uns das selbst an, wenn unsere Familie oder unsere Kultur die Gottheiten ablehnt, die in uns sehr stark lebendig sind. Werden diese Gottheiten von der Gesellschaft oder der Familie nicht gern gesehen, dann schneiden wir selbst Teile von uns ab, um die gewünschte Liebe zu bekommen. Oder wir nehmen Anteile von uns selbst, für die wir Anerkennung erhalten, und strecken und dehnen sie ein bisschen aus, was auf Kosten anderer Anteile geht, nur um uns konform zu verhalten, um in das Bett zu passen. Selbst wenn man auf diese Art und Weise Erfolg bei dem hat, was man tut, wird man sich nicht wirklich befriedigt fühlen, weil es nicht das repräsentiert, was man wirklich ist. Wenn Sie ein Hephaistos-Typus sind, der versucht, eine Stellung mit öffentlicher Macht einzunehmen, weil Ihre Eltern wollen, dass Sie bedeutend sind, dann werden Sie nicht gerade glücklich dabei sein.

Auch Familienthemen spielen eine Rolle dabei, wie wir mit unseren Mythen umgehen. Zeus hatte seine Lieblingskinder. So mochte er seinen Sohn Apollo ganz besonders gern. Apollo war der goldene Junge, weil er so klar und rational war. Ares hingegen war Zeus verhasst, obwohl auch er sein Sohn war. Doch er war ihm zu frech und zu impulsiv. Auch seinen Sohn Dionysos mochte er nicht wirklich, weil er ihm zu feminin und emotional war. Hephaistos hasste er, weil Hephaistos bei seinem Streit mit Hera gegen ihn Partei ergriff. Aus diesem Grund warf er ihn aus dem Himmel. Hephaistos war ohnehin lahm zur Welt gekommen, und der Rausschmiss aus dem Himmel setzte ihm noch weiter zu. Zeus hielt ihn für zu hässlich für einen echten Olympier. Zeus ist wie der Planet Jupiter – er möchte hell erstrahlen und Macht und Autorität ausüben. Haben Sie Jupiter im 10. Haus stehen, dann wollen Sie in dem, was Sie tun, hervorragend sein und öffentlich erstrahlen. Das interessiert Hephaistos ganz und gar nicht. Hephaistos arbeitet still vor sich hin, fertigt wunderschöne Dinge an und bemüht sich um Perfektion um der Perfektion willen, nicht um andere zu beeindrucken.

Das sollte man wissen. Wenn Sie viele Planeten im 10. Haus haben, dann ist das ein Zeichen für Ehrgeiz. Erzählen Sie mir mit einer Sonne in Konjunktion zu Jupiter im Löwen im 10. Haus, dass Ihnen Ihre Karriere nichts bedeutet, dann kaufe ich Ihnen das nicht ab, dann glaube ich dem Horoskop mehr als der Person, die da vor mir sitzt und so etwas sagt. Menschen sind sich nicht immer aller Anteile ihrer selbst bewusst. Ich würde sagen: «Kennen Sie den Teil von sich selbst nicht, der andere Menschen beeindrucken möchte?» Das gehört auch zum Astrologendasein, dem Klienten dabei zu helfen, das zu sehen, was er noch nicht weiß, oder auch etwas zu bestätigen, was er bereits vermutet hat.

TeilnehmerIn: Was würden Sie zum Beruf sagen, wenn die Sonne in Konjunktion zum südlichen Mondknoten steht?

Howard: Die Sonne in Konjunktion zum südlichen Mondknoten ist etwas seltsam, weil der absteigende Mondknoten ja das symbolisiert, was wir bereits erledigt haben und was wir jetzt nicht mehr übertreiben sollten – sonst entwickeln wir uns nicht weiter. Befindet sich die Sonne in Konjunktion zum südlichen Mondknoten, dann könnte das bedeuten, dass man bestimmte Qualitäten des Sonnenzeichens bereits entwickelt hat und dass man nun unter dem gleichen Zeichen wiedergeboren wird, aber eine andere Ebene dieses Zeichens entwickeln soll.

Nehmen wir einmal an, Sie haben die Sonne in der Waage am südlichen Mondknoten. Vielleicht waren Sie in der Vergangenheit ein sehr guter Künstler, sollen aber jetzt etwas über die Beziehungsseite der Venus lernen. Es gibt also Aspekte des Zeichens Waage, die Sie bereits beherrschen, doch weil die Sonne dort steht, die sie an diesem Punkt unbedingt weiterentwickeln sollten, gibt es offensichtlich noch andere Facetten, an denen man noch arbeiten kann. So würde ich es interpretieren. Aus dem Grunde könnte es auch in diesem Fall durchaus richtig sein, aus dem Sonnenzeichen einen Beruf zu machen, aber ich würde dennoch sagen, dass hier ein Gleichgewicht mit dem Nordknoten, seinem Haus und Zeichen gefunden werden muss. Beides braucht Raum.

Ich würde ganz gerne ein paar Horoskope aus der Gruppe besprechen. Einige von Ihnen, die nicht so recht wissen, was sie beruflich machen sollen, haben mir bereits ihr Horoskop gegeben. Ich werde natürlich nicht alle davon besprechen können, sondern nur einige wenige. Doch die machen wir auf jeden Fall. Außerdem habe ich noch ein paar eigene Horoskope mitgebracht, die ich Ihnen gerne zeigen würde, und Sie können raten, welchen Beruf die Horoskopeigner jeweils ausüben.

Beispielhoroskope aus der Gruppe

Bevor wir uns die Horoskope anschauen, habe ich ein paar Fragen, die Sie sich alle stellen und über die Sie nachdenken können.

Frage 1: Welche Fantasien hatten Sie als Kind zur Frage, was Sie gern sein würden, wenn Sie einmal groß sind?

Frage 2: Denken Sie an die Arbeit, die Sie tatsächlich ausüben. Dies setzt natürlich voraus, dass Sie in irgendeiner Form eine Stelle haben oder etwas tun, das Sie als Arbeit betrachten. Ist es etwas, das Sie wirklich erfüllt?

Frage 3: Wie kam es dazu, dass Sie dieser Tätigkeit nachgehen? Geschah es zufällig, durch ein Synchronizitätsereignis oder war es so von Ihnen gewollt und geplant? Wann wussten Sie, dass Sie diese Tätigkeit ausüben wollen?

Frage 4: Falls Sie nicht das tun, was Sie wirklich wollen, gibt es etwas, das Sie zurückhält? Was ist es?

Frage 5: Wenn es eine Berufung gibt, der Sie gern folgen würden, dann ist diese Frage zweigeteilt. Erstens, wie realistisch ist dieser Wunsch? Zweitens, welche Schritte müssen Sie jetzt unternehmen, um diesen Wunsch Realität werden zu lassen?

Nehmen Sie sich doch fünf bis zehn Minuten, um über diese Fragen nachzudenken. Wir sind ja schließlich alle hier, um etwas über das Thema Berufung zu erfahren. Das sind natürlich Ihre ganz persönlichen Fragen, um die es jetzt geht, aber je mehr man von sich selbst versteht, umso mehr versteht man auch andere.

TeilnehmerIn: Ich arbeite als Therapeut und habe auch mein klinisches Studium wieder aufgenommen, etwas, womit ich mich bereits zu Beginn meiner Ausbildung befasst habe. Aktuell habe ich einige größere Transite durch mein 4. Haus, und es ist so, als hätte ich einen Zyklus vollendet und käme jetzt in eine neue Runde.

Howard: Wie erstaunlich. Aber ich denke, dass wir auch in Berufsfragen Zyklen durchmachen. Es gibt Zeiten, da können wir viel Energie dafür einsetzen, um äußerlich erfolgreich zu sein, und in anderen Lebensphasen müssen wir uns zurückziehen oder etwas vollenden, was wir zu einem früheren Zeitpunkt noch nicht abgeschlossen hatten. Das ist zuweilen der Fall, wenn wir Transite von Langsamläufern durch das 4. Haus erleben, so etwas wie Pluto über den IC oder wie derzeit die ganzen Steinbock-Transite im 4. Haus. Dabei handelt es sich dann eventuell um eine Phase, in der man etwas ausbrütet. Man möchte sich dann vielleicht von der äußeren Welt zurückziehen, weil man Zeit braucht, um persönliche Veränderungen zu durchleben, die man so nicht erleben könnte, wenn man zugleich noch ganz normal seiner Arbeit nachginge. Wenn man sich immer mit seiner Arbeit identifiziert hat, oder wenn man eine sehr gut gehende Praxis als Therapeut hat, und täglich viele Menschen trifft und dann solche Transite durch das 4. Haus durchlebt, dann wäre man womöglich am liebsten ganz allein und nur mit sich selbst befasst. Oder man möchte das, was man bereits kennt, verfeinern oder zurück zu den eigenen Wurzeln gehen, um etwas neu aufzubauen, anstatt Dinge weiter voranzutreiben. Das kann recht schwierig sein, wenn man sich vorher immer auf die Außenwelt konzentriert hat.

In anderen Lebensphasen, in denen man beispielsweise viele Transite durch das 10. Haus hat – mit Ausnahme von Pluto vielleicht –, soll sich die Arbeit dahingehend verändern, dass man mehr im Rampenlicht der Öffentlichkeit steht. Das ist nicht gerade eine Zeit, um sich zurückzuziehen oder in die Spuren der Vergangenheit zu treten. Das ist gewöhnlich eine Zeit, in der man neue Dinge ausprobiert bzw. seine Arbeit erweitert.

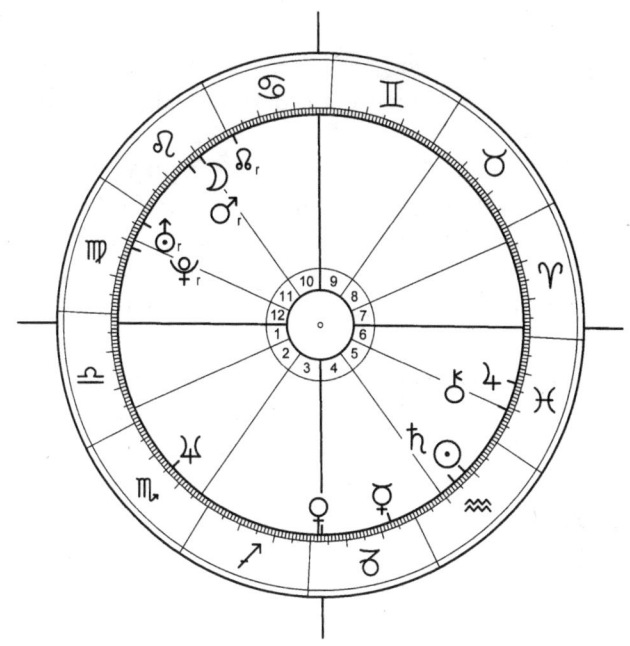

Abb. 2: Karen

Beispielhoroskop Karen

Ich habe Karens Horoskop zuerst aufgelegt, weil ich ein wenig darüber sprechen möchte, was es bedeutet, den nördlichen Mondknoten im 10. Haus zu haben und den Südknoten entsprechend im 4. Außerdem haben wir in diesem Horoskop eine merkwürdige Umkehrung, weil der Nordknoten im 10. Haus im Krebs liegt, obwohl Steinbock das natürliche Zeichen des 10. Hauses ist und sich der Südknoten im 4. Haus im Steinbock befindet, wobei das natürliche Zeichen des 4. Hauses der Krebs ist.

Die allgemeine Interpretation für den nördlichen Mondknoten in Haus 10 lautet, dass es in diesem Leben sehr wichtig ist, einem Beruf nachzugehen oder einen bestimmten Status zu erreichen oder die berufliche Karriere ernst zu nehmen, weil der Nordknoten immer derjenige ist, der uns vorwärts treibt. Der Südknoten in Haus 4 ist ein Hinweis darauf, dass ein Leben als Hausfrau oder einfach nur zu Hause zu bleiben und sich mit persönlichen und privaten Angelegenheiten zu befassen nicht das größtmögliche evolutionäre Wachstum in diesem Leben bietet. Wir sollten wirklich versuchen, das Haus zu entwickeln, in dem der Nordknoten steht. Man könnte also sagen, wenn man den Südknoten im 4. Haus hat und sich zu viel um familiäre Angelegenheiten kümmert oder keine Risiken auf sich nimmt, um sich mehr an die Öffentlichkeit und nach außen zu begeben oder eine Karriere anzustreben, dass man dann nicht seinen Lebenssinn erfüllt. In einem solchen Fall würde ich nach Berufen suchen, die die Krebs-Qualität unterstützen, da sich der Nordknoten im Krebs befindet.

Ich möchte gern noch etwas Allgemeines über das 10. Haus sagen. Wenn Liz Greene über das 10. Haus spricht, dann sagt sie, dass es die Qualitäten beschreibt, für die man gern im Gedächtnis anderer Menschen bleiben oder als das man gern gesehen werden möchte. Das sind die Eigenschaften, die man gern auf dem eigenen Grabstein stehen hätte. Falls es sich dabei um Skorpion handelt, dann möchte man als scharfsinnig gelten. Wenn Waage am MC steht, dann möchte man als schön wahrgenommen werden oder als jemand, der sehr harmonisch und im Gleichgewicht ist. Steht Widder am MC, dann will man, dass die Welt den eigenen Mut sieht. Man möchte von den anderen als Innovator oder als Kämpfer betrachtet werden. Wenn Krebs dort steht, dann möchte man, glaube ich, als sensibel wahrgenommen werden, als Mensch mit einem fühlenden Talent. In Ihrem Fall, Karen, ist es gut, diese Eigenschaften zu entwickeln, weil der Nordknoten im Krebs darauf hinweist, dass Sie im Bereich der Emotionen und der Gefühle arbeiten müssen und dass dies ein Teil Ihrer Entwicklung ist.

Lassen Sie mich noch ein bisschen weitererzählen, und dann komme ich auf alles andere zu sprechen. Ich möchte Ihnen sagen, worauf mein Blick fällt, wenn ich mir dieses Horoskop unter dem Blickwinkel des Berufs anschaue. Hierbei beschränke ich mich bei der Deutung auf die Berufsthemen, obwohl man versucht ist, mehr zu deuten, weil man so viel anderes sieht, worüber man sprechen könnte. Wer ist der Herrscher des MC?

TeilnehmerIn: Der Mond.

Howard: Und in welchem Zeichen steht der Mond?

TeilnehmerIn: Im Löwen.

Howard: Welches ist der offensichtlichste Aspekt, den der Mond bildet? Er steht in Konjunktion zu Mars. Wenn eine Mond/Mars-Konjunktion im Löwen über das MC herrscht, dann beschreibt dies Ihr Bild in der Öffentlichkeit. So würden Sie gern gesehen werden, und es sind gleichzeitig die Qualitäten, die Ihren Berufswunsch antreiben. Was fällt Ihnen ein bei Mond im Löwen als Herrscher des MC in Konjunktion zu Mars? Wonach besteht hier ein inneres Bedürfnis?

TeilnehmerIn: Anerkennung.

Howard: Ja. Das mag Sie vielleicht überraschen, Karen. Diese Mond/Mars-Konjunktion im Löwen als Herrscher des MC ist das Bedürfnis nach Bewunderung, Applaus und Anerkennung. Ich denke, es ist in Ordnung, dies zu haben. Manchmal denken wir vielleicht, dass es egoistisch ist, bewundert oder gelobt werden zu wollen, aber ich denke, mit Mond-Mars im 11. Haus als Herrscher des MC ist das Bedürfnis als etwas Besonderes anerkannt zu werden, einfach da. Wir alle haben dies in einem bestimmten Ausmaß – unsere solare Seite braucht Anerkennung. Es scheint, als würden Sie sich wohl fühlen, wenn Sie in einer Gruppe oder in einem Team arbeiten. Wenn ich an das 11. Haus in beruflicher Hinsicht denke, dann denke ich immer an Arbeit in der Gruppe oder im Team, dort, wo Ihre Power zum Vorschein kommen darf. Die Sonne/Saturn-Konjunktion gegenüber erzählt von etwas ganz anderem. Obwohl sich Ihr Merkur im 4. Haus verbirgt und obwohl Saturn Ihre Sonne zurückhält, würde ich doch hoffen, dass Sie eine Art von Team oder Gruppe von Menschen finden, selbst eine Gruppe wie unsere hier, in der Sie nicht zu schüchtern sind, um sich zu zeigen und Ihre Gefühle und Gedanken mitzuteilen. Fällt Ihnen das leicht oder schwer?

Karen: Nun, augenblicklich erfüllt mich mein Beruf nicht. Ich arbeite in einer Dunkelkammer, in einem Fotografenlabor. Ich bin tatsächlich verborgen!

Howard: Es wird Gründe dafür geben, bei so vielen Transiten durch das 4. Haus, wie Sie sie im Augenblick haben, und der bevorstehenden Wiederkehr des Saturn, warum Sie derzeit das Gegenteil von der Mond/Mars-Konjunktion im Löwen leben. Arbeiten Sie in der Dunkelkammer ganz allein?

Karen: Ja, den größten Teil des Tages. Im Augenblick habe ich das Gefühl, dass mir das Berufsthema schon immer sehr wichtig war und es noch ist, aber es fällt mir sehr schwer, die richtige Richtung für mich zu finden. Der Besuch von Astrologieseminaren hat mir jedoch ganz offensichtlich geholfen. Zur Zeit erwäge ich, einen Beratungskurs zu absolvieren.

Howard: Lassen Sie uns darüber sprechen. Zuerst einmal gefällt mir die Idee des Beratens für das Krebs-MC. Das wäre ein Beruf, in dem es auch um Fürsorglichkeit geht. Mit der Mond/Mars-Konjunktion im 11. Haus als Herrscher über das MC wäre es vielleicht eine gute Idee, sich mit dem Gedanken auseinander zu setzen, später mit Gruppen und nicht mit Einzelpersonen zu arbeiten. Können Sie nachvollziehen, wie ich darauf komme? Ich werde vom 10. direkt ins 11. Haus gezogen. Löwe kann der Förderer sein, der Führer der Gruppe. Es könnte sogar eine Frauengruppe sein – anderen Frauen dabei zu helfen, ihre Kraftquelle zu finden, was auch immer. Das würde zu einem Mond im 11. Haus passen. Betrachten wir die mit Planeten besetzten Häuser, dann sehen wir drei Planeten in Haus 11, und dieses Haus wird zugleich von Ihrer Sonne beherrscht. Sie erinnern sich, dass ich sagte, ich schaue nach der Sonne und dem Haus, über das sie herrscht, um einen Hinweis auf den Beruf zu erhalten.

Ein weiterer Faktor in diesem Horoskop, der auf Gruppen hinweist, ist die Sonne im Wassermann. Das ist allerdings eine interessante Mischung, weil die Sonne zugleich im 5. Haus steht, also im natürlichen Löwe-Haus. Lassen Sie mich das etwas näher erläutern. Das 5. Haus steht für unser Bedürfnis, das auszudrücken, was in uns ist, und die Freiheit zu haben, alles mitzuteilen - gleichgültig, was andere Menschen brauchen oder wollen. Das 5. Haus ist das, was Sie wollen, nicht das, was andere von Ihnen wollen. Aber Wassermann ist das natürliche Zeichen des 11. Hauses, und die Aufgabe des Wassermanns ist es nicht so sehr, die eigene Besonderheit im Auge zu haben, als sich vielmehr zu fragen: »Was kann ich tun, um die Gruppe oder die Ideale, an die ich glaube und die nicht nur mir selbst dienen, zu unterstützen?«

Im 11. Haus sollen wir uns einer Gruppe anpassen. Aber wenn dort der Löwe steht, dann geht es darum, die eigene Kraft zu finden, indem man Teil einer Gruppe ist. Löwe im 11. Haus findet seine Kraft durch Gruppen. Wassermann an der Spitze des 5. Hauses muss seine Kreativität und das, was er zu geben hat, nutzen, nicht einfach nur, weil es Freude macht, sondern auch weil die Kreativität zum Wohle anderer eingesetzt werden soll. Es ist eben ein wassermännisches 5. Haus. Anstatt ein Bild nur für sich selbst zu malen, um sich selbst Ausdruck zu verleihen, entwerfen Sie vielleicht ein Poster, um die Ideale der Gruppe, an die Sie glauben, zu unterstützen. Dann verbinden Sie Kreativität mit dem Dienst an etwas Größerem.

Saturn im 5. Haus und die Sonne in Konjunktion zu ihm stehen zu haben, ist so etwas wie ein Doppeldecker, weil das 5. Haus das natürliche Haus der Sonne ist. Die Sonne hat sehr viel mit unserem Bedürfnis danach zu tun, als jemand Einzigartiges anerkannt zu werden, unserem Bedürfnis danach, dass andere etwas in uns sehen, was nur wir geben können und sonst niemand. Das ist es, wofür die Sonne steht – sie ist unsere Einzigartigkeit. Wenn ich »Ich« sage, dann meine ich etwas ganz Besonderes und Spezielles. Es gibt kein anderes »Ich«, das so ist wie mein »Ich«. Die Sonne hat einen großen Bezug zu der Entwicklung eines Gefühls, ein separates Ich zu sein, das sich von allen anderen Ich's unterscheidet.

Unter der Oberfläche sind wir alle eins. Wir sind alle miteinander verbunden. Aber auf einer anderen Ebene, wenn Sie den Kanal wechseln, dann sind wir verschieden. Ich unterscheide mich von Ihnen und habe andere Fähigkeiten. Sie sind blond, ich bin brünett. Indem Sie Ihr Sonnenzeichen entwickeln, finden Sie heraus, was an Ihnen einzigartig und besonders ist, aber wenn Saturn auf Ihrer Sonne steht, dann fällt Ihnen das nicht ganz so leicht. Das ist dann so, als würde man sich etwas unwohl mit der eigenen Besonderheit fühlen, mit dem, was man zu geben hat, um glänzen zu können. Immer, wenn ich an Saturn in Konjunktion zur Sonne denke, sehe ich Saturn als jemanden, der auf der Schulter von jemandem sitzt und ihn beurteilt. Man möchte etwas sagen, und Saturn flüstert: »Ist das auch richtig? Was werden die anderen denken? Vielleicht solltest du lieber still sein. Und was würde deine Mutter wohl dazu sagen?«

Saturn ist ein Kritiker. Das lässt sich natürlich ebenso auf Saturn im 5. Haus anwenden, weil das 5. das Haus der Kreativität und der Freude am Selbstausdruck ist, und wenn dort Saturn steht, dann ist es nicht so leicht, diese Freude zu empfinden. Womöglich fühlt man sich nicht in der Lage, das auszudrücken, was man möchte. Als Kind haben die Eltern einen möglicherweise für bestimmte Dinge geschätzt, für andere wiederum nicht, und man wurde vielleicht gerade für die Dinge nicht geschätzt, die einen am stärksten ausmachen. Dann haben Sie sich unter Umständen schuldig gefühlt, wenn Sie ganz Sie selbst sein wollten. Sie wissen ja, wie wir ein falsches Selbst annehmen können, um Liebe zu bekommen.

Es gibt eine Therapieform, bei der man im Sand spielt. Ich weiß nicht, ob Sie sie kennen, doch sie ist großartig. Der Therapeut sagt gar nichts, außer wenn Sie ihn etwas fragen. Sie können trockenen Sand oder feuchten Sand haben, und es stehen auch eine Menge Spielsachen herum, kleine menschliche Figuren und Tiere, winzige Häuser, Maschinen usw., die man dann auf dem Sand anordnet und dabei der Fantasie freien Lauf lässt. Dabei verlässt man sich vollkommen auf seinen Bauch und das Ganze geht komplett nonverbal vor sich. Man wird allein gelassen und holt sich das Spielzeug, welches man haben will, und arrangiert es so wie man es möchte, und arbeitet Dinge durch, indem man mit Sand spielt. Wenn ich an das 5. Haus denke, dann denke ich an einen Menschen als Kind – Sie als ein Kind, das in einen Sandkasten klettert. Was dabei zum Vorschein kommt, sind die Planeten, die Sie im 5. Haus haben. Wenn Sie Jupiter in 5 haben und in den Sandkasten klettern, was passiert dann? Wie fühlen Sie sich, wenn Sie im Sandkasten sitzen und spielen sollen?

TeilnehmerIn: Er ist nicht groß genug.

Howard: Und nicht publikumswirksam genug. Oder Jupiter sagt: »Ich kann es gar nicht abwarten, endlich im Sandkasten zu sitzen! Ich baue die größte, tollste Sandburg der Welt!« Wenn sich Ihre Venus dort befindet, dann erschaffen Sie schöne Dinge in Ihrem Sandkasten und haben auch nichts dagegen, wenn Ihre Freunde mitspielen. Aber was passiert, wenn Sie Saturn im 5. Haus haben und in den Sandkasten klettern? »Ich muss etwas machen. Man erwartet von mir, dass ich etwas leiste. Aber bin ich auch gut genug? Was, wenn ich alles durcheinander bringe?

Was, wenn keiner mag, was ich mache? Vielleicht sollte ich erst einmal einen Kurs im Sandburgen-Bauen belegen, damit ich auch alles richtig mache.« Es kann eine Spannung entstehen, wie sie mir bei der Sonne/Saturn-Konjunktion in Karens Horoskop entgegenzukommen scheint. Das ist etwas ganz anderes als die Mond/Mars-Konjunktion im Löwen, die vollkommen instinktiv, spontan und kreativ ist. Mond-Mars setzt Ihre Kreativität frei. Und mit Kreativität meine ich nicht nur, eine Künstlerin zu sein. Ich meine alles, was Sie auszudrücken haben, auch Ihre Kraft, sich selbst Vater und Mutter zu sein und sich die Erlaubnis zu erteilen, das spontane, verspielte und wilde Kind zu sein, das Ihre Eltern vielleicht nicht wollten.

Karen: Ich finde das, was Sie sagen, sehr zutreffend. Ich bin in einem Haushalt aufgewachsen, wo beide Eltern Alkoholiker waren.

Howard: Können Sie das im Horoskop wiederfinden? Neptun befindet sich im T-Quadrat zur Sonne und zum Mond. Das ist eine optimale Beschreibung, auch wenn es nicht gerade perfekt ist, so aufzuwachsen. Aber astrologisch ist es einwandfrei nachvollziehbar. Neptun ist ein Signifikator für das Trinken, und er steht im Quadrat zu Sonne und Mond, wobei die Sonne ein Symbol für den Vater und der Mond ein Symbol für die Mutter ist.

Karen: Meine Eltern sind mittlerweile beide tot. Mein Vater ist erst dieses Jahr gestorben, und ich habe das Gefühl, dass es jetzt wichtig ist, etwas für mich selbst zu tun.

Howard: Jetzt, wo Ihre Eltern tot sind, haben Sie wirklich eine Chance. Das mag sich hart anhören, aber es ist sehr oft so. Ich hatte mich schon gefragt, was die Transite durch das 4. Haus bedeuten könnten, wenn wir es stellvertretend für den Vater sehen. Und Pluto stand im Quadrat zu dieser Achse. Ihr Vater starb, als sich Pluto im Quadrat zu Ihrer Sonne befand. Also alles zur rechten Zeit. Haben Ihre Eltern Ihnen Geld hinterlassen?

Karen: Ja, von meinem Vater bekomme ich welches.

Howard: Das wird Ihnen also helfen.

Karen: Ja, das wird mir bei der Zahlung der Teilnahmegebühren für den Beratungskurs helfen. Aber ich habe auch das Bedürfnis, etwas Gewinnbringendes zu tun, und augenblicklich denke ich, die Astrologie eventuell mit der Beratung kombinieren zu können.

Howard: Ich denke einmal, Ihre vorrangige Aufgabe ist die Ausbildung. Sie haben Ihre Saturn-Revolution, und wenn Saturn bei Ihrer Sonne/Saturn-Konjunktion ankommt, dann ist es für Sie Zeit zu lernen, sich wirklich selbst zu definieren – »Das möchte ich gern sein!« – und auch Ihrem Beruf eine klarere Form zu geben. Ich erinnere mich noch sehr gut an meine Wiederkehr des Saturn. Zu dieser Zeit unterrichtete ich hauptsächlich Meditation, hatte aber ein großes Faible für Astrologie, und um die Zeit meiner Saturn-Wiederkehr herum dachte ich: »Jetzt mache ich ernst mit der Astrologie. Ich belege Psychologiekurse und beschäftige mich tiefer mit Astrologie.« Das war um den Zeitpunkt herum, als ich mein Diplom machte. Ich hatte das Gefühl, mich und meine Ziele definieren zu müssen und etwas zu tun, um sie zu konkretisieren, zu manifestieren und ernsthafter anzugehen. Ihre Ausbildung und Ihre Arbeit an sich selbst wird auf irgendeine Art und Weise zu der Art von Beruf führen, die Sie erwähnt haben. Ihr kreativer Drang ist sehr stark. Warum sage ich das? Nennen Sie mir noch weitere Gründe dafür, mal abgesehen vom 5. Haus.

TeilnehmerIn: Die Venus steht am IC.

Howard: Ja. Jeder Planet am IC beschreibt, wie es ganz tief im Innersten aussieht. Und worüber herrscht Venus hier in diesem Horoskop? Über den Waage-Aszendenten. Manchmal ist es bei Steinbock-Planeten oder auch einem Steinbock-IC so, dass diese Menschen das ihre erst so richtig finden, wenn sie etwas älter sind. Das gilt im Übrigen auch für die Sonne in Konjunktion zu Saturn. Die Sonne hat ja etwas damit zu tun, wie wir unsere individuelle Identität formen und nach außen strahlen lassen. Bei Sonne/Saturn-Verbindungen dauert dieser Prozess eben etwas länger als bei anderen Menschen. Der Prozess des Aufbaus eines gesunden, soliden Gefühls für sich selbst geht etwas langsamer voran. Und mit Neptun im Quadrat zur Sonne und zum Mond, als Zeichen für das Aufwachsen in einer Alkoholikerfamilie, ist es wohl auch nicht leicht, ein gesundes, solides Empfinden dafür zu bekommen, wer man ist.

Es gibt noch ein paar andere Dinge, die ich erwähnen möchte. Fische an der Spitze des 6. Hauses legt ebenfalls eine kreative Arbeit nahe, oder eine Arbeit, bei der es um Heilung geht. War die fotografische Arbeit in der Dunkelkammer etwas, wozu Sie sich bewusst entschlossen haben, oder etwas, das sich einfach so ergeben hat?

Karen: Es war ein bewusster Entschluss. Es war für mich wichtig, einen Bereich zu finden, der mich wirklich interessiert.

Howard: Neptun hat mit Fotografie zu tun und aspektiert ja sowohl Ihre Sonne als auch Ihren Mond. Gibt es noch weitere Fragen oder Dinge, die Sie zum Thema Beruf hinzufügen möchten? In Bezug auf Signifikatoren oder auf den persönlichen Mythos?

TeilnehmerIn: Ich dachte an so etwas wie Beschäftigungstherapie als Arbeit für Karen.

Howard: Sagen Sie mir, wie Sie darauf kommen.

TeilnehmerIn: Venus im Steinbock als Herrscherin des Waage-Aszendenten. Das würde bedeuten, Venus praktisch einzusetzen.

TeilnehmerIn: Vielleicht könnte Pluto im 12. Haus auch bedeuten, in einer Institution zu arbeiten.

Howard: Mit Ihrem persönlichen Hintergrund könnten Sie einer sehr interessanten Arbeit nachgehen, Karen. Zum Beispiel mit Kindern von Alkoholikern arbeiten, und sowohl Ihre Kreativität als auch die Astrologie in Ihre Tätigkeit integrieren. Ich würde nicht sagen, dass es Ihre Aufgabe ist, Künstlerin zu sein, rein um sich selbst auszudrücken. Ihre Kreativität muss auch in irgendeiner Form praktisch genutzt werden. Wenn Sie die Sonne im Löwen im 5. Haus hätten, könnten Sie einfach nur Künstlerin sein, aber da sie sich im Wassermann befindet, muss es etwas für Sie selbst und auch für andere sein.

TeilnehmerIn: Wir sprachen in der Pause über die Möglichkeit, dass Karen Fotos für eine Frauengruppe macht, in der ich aktiv bin. Ich dachte, es wäre ein tolle Idee, wenn Sie Fotos für die Gruppe machen würde.

Howard: Sehen Sie, mit Karens Mond im 11. Haus haben Sie auch an Frauengruppen gedacht.

Transite über das MC

Bevor wir uns dem nächsten Horoskop zuwenden, möchte ich ein paar generelle Dinge über Transite zum MC sagen, was die Arbeit und den Beruf angeht. Das trifft vielleicht nicht auf alle Fälle zu, aber doch sehr häufig. Wenn Pluto sich dem MC nähert, dann kann es beruflich meist nicht so weitergehen wie bisher. Denn Pluto zeigt uns, wo wir Tod und Wiedergeburt erleben. Das Bestehende wird abgerissen, damit etwas Neues geschehen kann. Ich habe das schon mehrfach in der unterschiedlichsten Form beobachten können. Falls man bis zu diesem Zeitpunkt noch nicht seine wahre Berufung gefunden hat, bestünde die Möglichkeit, dass man während des Plutoübergangs über den MC etwas findet, wofür man sich leidenschaftlich engagieren möchte.

Ich benutze hier das Wort Leidenschaft für Pluto, weil wir an der Stelle, wo Skorpion oder Pluto im Horoskop stehen, letztlich immer Leidenschaft empfinden müssen. Wir sind dann am besten, wenn wir diese Leidenschaft fühlen. Man kann sich zwar anderen Dingen zuwenden, aber dann macht es nicht »Klick«. Am besten funktioniert es, wenn es etwas wirklich Intensives ist. Immer, wenn ich an Pluto denke, dann denke ich an Drama und Intensität. Wenn Sie also mit Pluto im 10. Haus geboren werden, dann brauchen Sie eine Arbeit, die Sie ganz und gar begeistert. Wobei ich jedoch direkt dazu sagen muss, dass ich schon eine Menge Menschen mit Pluto im 10. Haus kennen gelernt habe, die irgendwelchen lumpigen Jobs nachgehen und die ihre Kraftquelle nicht wirklich gefunden zu haben scheinen. Ich erinnere mich zum Beispiel an einen Mann, dessen Pluto im 10. Haus im Löwen steht und der in der Musikabteilung von Harrods arbeitet und dort CDs, Schallplatten und Musikkassetten verkauft. Für Pluto in Haus 10 fand ich das nicht wirklich passend. Als ich ihn fragte, was er tun wolle, äußerte er sich nur sehr vage. Er schien keine wirkliche Vorstellung davon zu haben und nicht besonders gefestigt zu sein. Irgendwie war bei ihm niemand zu Hause.

Einige Menschen mit Pluto im 10. Haus haben auch Angst davor, zu ihrer Kraft zu finden. Dies kann bei jeder Häuserstellung von Pluto passieren, und im 10. Haus wirkt es sich unter Umständen so aus, dass man Angst hat, an die Öffentlichkeit zu treten oder wirklich erfolgreich und mächtig im Beruf zu werden. Wir empfinden zwar einerseits den intensiven Wunsch danach, machtvoll zu sein oder über ein bestimmtes Maß an Herrschaft zu verfügen, je nachdem, wo Pluto sich befindet, aber zuweilen wollen wir diesen Planeten auch gar nicht in das Haus hineinlassen, in dem er steht. Wir versuchen, ihn auszusperren, weil wir Angst vor seiner Intensität haben, Angst davor, dass unsere Leidenschaft erweckt wird. Wir haben Angst, die Kontrolle zu verlieren. Es ist zwar seltsam, weil man erwartet, dass man sich in dem Haus, wo Pluto steht, sehr animalisch, dramatisch oder tyrannisch verhält, aber ich habe Pluto im 10. Haus auch schon bei Menschen gesehen, die sich überhaupt nicht so fühlten. Entweder haben sie ihre Kraftquelle noch nicht wirklich gefunden oder sie haben aus irgendeinem Grund Angst davor.

TeilnehmerIn: Könnte das mit einer übergriffigen Mutter zusammenhängen, Howard? Sie wachsen vielleicht in einer Umgebung auf, in der sie diese Kraft nicht für sich in Anspruch nehmen können.

Howard: Ja, ich denke schon, dass das vorkommt. Dann hat die Mutter immer noch die Macht. Im Falle dieses Klienten war das definitiv der Fall. Er war immer noch der kleine Junge seiner Mutter. Das ist so, als wäre man in seinem Innersten noch ganz klein. Was ich meine, ist, dass es ja durchaus sein kann, dass Pluto niemals über Ihr MC läuft – er hat schließlich einen 248-Jahreszyklus, er läuft also nur einmal über Ihr MC – wenn überhaupt. Dazu muss er schon mindestens im 6. Haus stehen, damit er das schafft, besser noch im 7., 8. oder 9., wenn man noch jung genug sein will, um wirkliche Veränderungen im Berufsleben einleiten zu können. In Mariannes Horoskop, das wir uns als Nächstes anschauen, beginnt er seine Reise im 7. Haus. Ihr ganzes Leben lang lief er nur durch einen Quadranten. Wenn er das MC erreicht, könnte es sein, dass Sie die Arbeit findet, die Sie wirklich fasziniert.

Pluto am MC kann uns auch Dinge wegnehmen – vielleicht verliert man das Interesse an dem, womit man sich bislang immer identifiziert hat, und das ist wie der Tod des Egos. Wenn man sich sehr mit seiner Karriere und Arbeit identifiziert hat und es dann nicht mehr länger funktioniert und sich totläuft, wer ist man dann? Ich habe schon Fälle gesehen, in denen alles zu Staub zerfiel, was bis dahin gewesen war. Wenn der ganze bisherige Berufsweg unter einem zusammenbricht, dann kann man auf eine neue Art und Weise wiedergeboren werden. Ich habe auch Fälle von Plutoübergängen über das MC gesehen, wo der- oder diejenige eine Weile nicht gearbeitet hat, weil sich die Psyche neu strukturieren musste.

Nehmen wir einmal an, Pluto kommt in Konjunktion oder ins Quadrat zu Ihrem Mars. Einige von Ihnen haben vielleicht Mars im Löwen mit dem Transitpluto derzeit im Quadrat dazu, oder Mars im Skorpion, wo Pluto jetzt drüberläuft, oder auch Mars im Stier und den Transitpluto in Opposition dazu. Wenn Sie beispielsweise Ihr Leben lang viel Wert auf Sex gelegt haben, dann könnte Pluto über Mars für eine Phase stehen, wo Ihr Sexualtrieb merklich ruhiger wird, als müssten Sie Mars auf eine andere Art und Weise erleben. Wenn Sie jedoch weniger sexuell orientiert waren und sich nie wirklich von Leidenschaft getrieben gefühlt haben, dann könnte der Plutotransit über Mars bedeuten, dass Sie zum ersten Mal in Ihrem Leben wirklich diesen Antrieb oder diese Leidenschaft empfinden.

Pluto kann uns etwas wegnehmen, was wir übertrieben haben oder mit dem wir zu stark identifiziert sind. Wenn Sie häufig wütend waren, dann kann Pluto im Quadrat zu Ihrem Mars Sie von einem cholerischen Menschen in jemanden verwandeln, der seine Wut besser unter Kontrolle hat oder der leichter loslassen kann. Wenn Sie jedoch nie wirklich wütend waren oder noch niemals so richtig in Kontakt mit Ihrer Wut standen, dann könnte der Transitpluto über Mars diese Wut, die dort in Ihnen versteckt liegt, endlich einmal ans Licht bringen.

TeilnehmerIn: In den Fällen, wo den Betreffenden beruflich der Boden unter den Füßen weggezogen wurde, weil sie sich damit zu sehr identifiziert hatten, sind diejenigen später wieder in ihren alten Beruf zurückgekehrt?

Howard: Meistens eher nicht, bzw. wenn, dann nahmen sie ihre Aufgabe mit einer völlig neuen Einstellung wieder auf. Denn Pluto stellt sicher, dass man nichts einfach so weitermachen kann wie bisher. Dann nimmt man zwar seine alte Arbeit wieder auf, aber auf einer ganz neuen Grundlage oder die Arbeit hat sich in irgendeiner Form verändert.

TeilnehmerIn: Eine Freundin von mir bekam ihr erstes Kind, als Pluto über ihr MC lief. Bis dato war sie definitiv eine Karrierefrau gewesen. Sie war 38 Jahre alt und stellte plötzlich fest, dass sie unerwartet schwanger war. Natürlich veränderte dies ihr ganzes Leben.

Howard: Es ist interessant, wie man manchmal durch einen Transit in das gegenüberliegende Haus geworfen wird. Pluto bewegt sich derzeit um mein MC herum, und ich habe noch niemals so viel Freizeit gehabt wie jetzt. Als Pluto kürzlich ganz genau auf meinem MC stand, ging das Gerücht umher, ich sei tot. Das fand ich super! Mein öffentliches Image, mit dem transitierenden Pluto am MC ist, dass ich tot bin!

TeilnehmerIn: Ein sicheres Zeichen für Unsterblichkeit!

Howard: Lassen Sie mich noch ein wenig mehr über Transite über das MC sagen. Was passiert wohl, wenn Uranus über das MC läuft? Dann wird einem meist langweilig mit dem, was man tut. Bei Uranus-Transiten ist Experimentierfreude gefragt, da muss man etwas Neues ausprobieren, ansonsten wird einem das Neue in irgendeiner Form aufgezwungen.

Was geschieht im Berufsbereich, wenn Neptun sich dem MC nähert? Da kann es passieren, dass man verwirrt ist und nicht weiß, was man wirklich tun möchte. Ich kenne einige Leute, die bei dem Fernsehsender ITN arbeiten. Dort wird zur Zeit vielen gekündigt, und zwei meiner Klienten haben gerade den transitierenden Neptun am MC. Sie wissen noch nicht, ob sie dort weiterarbeiten können oder nicht. Diese Art von Unsicherheit ist typisch für Neptun. Oder man entscheidet sich dafür, etwas Kreatives zu machen, sich einen Arbeitsbereich zu suchen, der zu Neptun passt. Doch im Allgemeinen ist es eher eine verwirrende Phase. Ich habe den Eindruck, mit Neptun am MC eignet sich die Zeit nicht so gut, um den Beruf oder die Arbeitsstelle zu wechseln. Ich würde warten, bis er über das MC hinaus ist, ansonsten ist die Gefahr zu groß, dass man auf eine Seifenblase hereinfällt. Später sieht man wieder klarer.

TeilnehmerIn: Als Neptun über mein MC lief, stellte sich heraus, dass ich meine Karriere für meine Gesundheit aufgeben musste.

Howard: Für alle äußeren Planeten über das MC gilt, dass man zuweilen etwas loslassen muss. Bei mir traf das auf jeden Fall zu, dass Krankheit für mich der einzige Weg war, mich vor Überarbeitung zu schützen, obwohl ich schon seit Jahren die Botschaft erhielt: »Arbeite weniger! Arbeite weniger!!« Aber ich habe einfach nicht darauf gehört.

Was sagen Sie zu Saturn-Transiten über das MC? Das ist doch interessant.

TeilnehmerIn: Ich habe diesen Transit gerade.

Howard: Das kann bedeuten, sich wirklich darüber klar zu werden, wofür man sich gern engagieren möchte.

TeilnehmerIn: Dieser Transit läuft über meine progressive Sonne im 10. Haus in Opposition zu Neptun, und ich bin völlig planlos, was ich jetzt tun soll. Will ich das, was ich derzeit mache, wirklich weitermachen?

Howard: Was tun Sie derzeit?

TeilnehmerIn: Ich entwerfe Cover für Bücher. Aber auf einmal reicht mir das nicht mehr. Ich habe keine Lust mehr dazu, gehe einfach einen trinken oder hänge das Telefon aus.

Howard: Das hört sich ganz nach progressiver Sonne in Opposition zu Neptun an! Aber mit Saturn verhält es sich etwas anders. Ich habe vorhin von meiner Saturn-Revolution erzählt. Sie hat mich dazu gebracht, mich eindeutig zu verpflichten, mich selbst klarer zu definieren.

TeilnehmerIn: Das spüre ich auch langsam. Ich weiß, dass ich eine Entscheidung treffen muss, selbst wenn es nicht sofort ist. Langsam werde ich mir klarer darüber, was ich wirklich möchte. Aber das wird nicht ganz einfach.

Howard: Dieses Gefühl geht häufig mit Saturn-Transiten einher. Liz sagt über Saturn, dass Saturns Kontakte zum MC oder zur Sonne zwar ein Gefühl von Klarheit oder Bestimmtheit darüber auslösen können, was wir nun wirklich wollen, dass wir uns aber doch noch eine ganze Weile gedulden müssen, bevor es so weit ist. Auf der materiellen Ebene kann man die Veränderung häufig nicht unmittelbar umsetzen, sondern es dauert noch etwas. Das fühlt sich natürlich frustrierend an, weil man jetzt zwar weiß, was man will, aber es noch nicht so weit ist.

TeilnehmerIn: Ich weiß, dass ich mich verändern will, aber ich bin noch nicht wirklich bereit dazu. Ich brauche noch ein paar Jahre.

Howard: Ich habe schon bei vielen Menschen gesehen, wie sie ihren Weg mit Saturn am MC fanden. Lassen Sie mich Folgendes dazu sagen: Es ist zwar ein bisschen klischeehaft, aber

Saturn steht für absolute und unfehlbare Gerechtigkeit. Er belohnt uns für das, was wir an Einsatz gezeigt haben, und er macht es uns bewusst, wenn wir etwas versäumt haben oder einer Sache aus dem Weg gegangen sind. Ein Saturn-Transit am MC kann sehr häufig eine Belohnung in Form einer Beförderung oder der Übertragung von mehr Verantwortung bedeuten, falls man vorher wirklich hart auf dieses Ziel hingearbeitet hat und es wirklich möchte. Wenn man es jedoch vermieden hat, sich diesem Bereich zu stellen, oder wenn einem bestimmte Fähigkeiten fehlen, die man noch nicht beherrscht und die man sich für seine Arbeit noch aneignen muss, dann wird man diesen Mangel spüren, sobald Saturn über das MC läuft. Man fühlt sich dann, als würde man dafür bestraft, weil man nicht das getan hat, was man hätte tun sollen, sondern weil man es sich leicht gemacht hat.

Beobachten Sie Saturn genau, denn er ist gar nicht so schrecklich. Wenn Sie für etwas wirklich hart gearbeitet haben, dann belohnt Saturn Sie auch dafür. Nehmen wir einmal an, Saturn läuft im Transit durch Ihr 6. Haus und Sie machen sich Sorgen. »Oh nein, Saturn läuft durch mein 6. Haus. Wie wird es mir da gesundheitlich gehen?« Wenn Sie sich um Ihre Gesundheit bislang recht gut gekümmert und auf sich aufgepasst haben, dann wird Saturn Sie dies höchstwahrscheinlich spüren lassen. »Oh, gut, ich bin froh, dass ich etwas dafür getan habe. Jetzt sehe ich wirklich das Ergebnis.« Aber wenn Sie sich die ganze Zeit über schlecht ernährt und nicht um ihren Körper gekümmert haben, dann werden Sie beim Transit von Saturn durch das 6. Haus nicht deswegen krank, weil Saturn durch dieses Haus läuft, sondern Sie werden krank, weil Sie sich selbst so vernachlässigt haben. Saturn sagt nun: »Ja, schau es dir an. Das hast du getan oder gelassen, und dafür musst du jetzt gerade stehen.« Er verkörpert absolute und unfehlbare Gerechtigkeit. Er zahlt uns genau das zurück, was wir investiert haben.

Jupiter im Transit über das MC kann für neue Gelegenheiten

stehen, aber ob sie auch tatsächlich in Ergebnissen resultieren oder einfach nur vorübergehen, das ist eine andere Frage.

TeilnehmerIn: Ich denke, es kann auch ein Problem mit übermäßigem Wachstum geben.

Howard: Jupiter hat so etwas. Es wäre möglich, dass man sich sehr über eine neue Möglichkeit freut und regelrecht aus dem Häuschen ist oder ganz in die Arbeit abtaucht und alles andere ignoriert, was vielleicht auch nicht wirklich gut ist.

Wie ist es, wenn die progressive Sonne über das MC läuft? Was sagt das Ihrer Meinung nach über die Arbeit aus? Ich sehe die progressive Sonne als eine Fackel an, die alles anstrahlt, was sie berührt. Wenn sie also über Ihr MC läuft, dann könnten Sie beruflich das finden, was für Sie das Richtige ist. Oder wenn Karriere bislang kein Thema war, dann könnten Sie das Bedürfnis haben, Ihr Licht mehr nach außen strahlen zu lassen.

Beispielhoroskop Marianne

Dieses Horoskop hat meinen Blick auf sich gezogen, weil der transitierende Pluto auf dem Weg zum MC ist und die Uranus/Neptun-Konjunktion im Steinbock gerade mit Mariannes Aszendenten flirtet. Wenn Sie zu mir in eine Horoskopsitzung käme, würde ich mir als Erstes wegen des Pluto-Transits die beruflichen Themen anschauen. Dabei würde ich im Auge behalten, dass Pluto ihren Skorpion-MC beherrscht und sich im Radix im Löwen im 7. Haus befindet. Wenn der Herrscher des MC im 7. Haus steht, welche Kriterien muss ein Beruf dann erfüllen, damit Marianne ihn als Berufung empfinden kann?

TeilnehmerIn: Sie müsste mit anderen Menschen zusammenarbeiten.

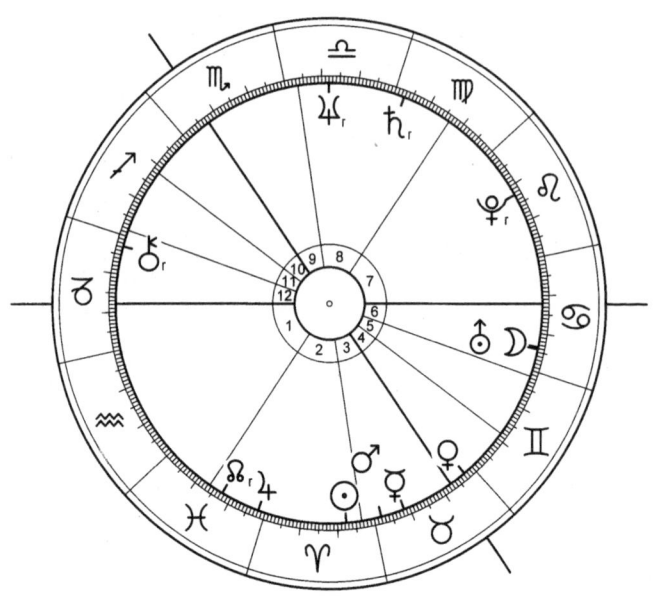

Abb. 3: Marianne

TeilnehmerIn: Was ist mit Mars als Mitherrscher des MC?

Howard: Ich schaue mir immer Pluto zuerst an, aber es stimmt natürlich, dass Mars der Mitherrscher im Skorpion ist und dass man ihn sich schon deswegen anschauen würde. Er steht im 3. Haus in Konjunktion zu Merkur, was den Eindruck eines Bedürfnisses nach Austausch vermittelt. Ich habe die gleiche Konstellation in meinem Horoskop – ein Skorpion-MC mit Pluto im 7. Haus, und in meiner Arbeit spielen andere Menschen eine große Rolle. Eine Sache ist mir dabei aufgefallen, und zwar, wenn man das MC als Signifikator für die Mutter betrachtet und sich dort Skorpion befindet, dann berührt einen möglicherweise eine ungelebte Leidenschaft der Mutter oder ein Schmerz der Mutter ganz besonders stark. Wenn es der Mutter nicht gut ging oder sie frustriert war und man dafür irgendwie sensibel war, selbst wenn das Ganze unbewusst ablief, dann sucht man sich vielleicht einen Beruf, wo man ähnlich sensibel auf den Schmerz anderer Menschen reagieren muss, oder man hilft anderen Menschen, die frustriert sind oder die emotionale Probleme haben. Befindet sich der Herrscher des MC im Löwen im 7. Haus, dann könnte das Bedürfnis der Mutter nach Anerkennung insbesondere dann, wenn es ihr nicht erfüllt wurde, ein Faktor in der eigenen Psyche sein. Entweder sehnt man sich dann nach Anerkennung, um der Mutter zu gefallen, oder man lebt das aus, was sie nicht ausleben konnte. Oder man rebelliert gegen sie und will absolut nicht so sein wie sie.

Marianne: Meine Mutter ließ keinen Zweifel daran, dass der einzige Grund, warum sie Mutter wurde, darin bestand, dass sie zufällig schwanger wurde.

Howard: Wir haben noch eine Mond/Uranus-Konjunktion im Krebs in Ihrem Horoskop, was möglicherweise ein Hinweis darauf ist, dass Mutterschaft nicht gerade ihr Ding war.

Marianne: Meine Mutter hat ihre Arbeit sehr gemocht, aber scheinbar war das keine Option mehr, als sie schwanger war. Sie war nicht gerade eine Karrierefrau, aber sie hat mich immer dazu ermutigt, das zu tun, was ich wollte. Sie hat mich nicht dazu angetrieben, aber …

Howard: Aber die Botschaft war klar. Ich habe das Gleiche mit meinem Skorpion-MC und Pluto im Löwen im 7. Haus. Meine Mutter will einen Roman schreiben und berühmt werden. Das ist es, was sie wirklich will. Sie kann allerdings kaum einen Brief schreiben. Als ich schließlich ein Buch veröffentlichte, war sie richtig glücklich, auch wenn ich nur Astrologe bin! Mit meinem Beruf hatte sie immer ein Problem – »Mein Sohn, der Astrologe« war nicht so der Hit. Aber als ich dann anfing, Bücher zu schreiben, war es schon besser. Jedes Mal, wenn ich ihr erzähle, dass ich wieder ein Buch schreibe, fragt sie mich: »Wann schreibst du denn einen Roman?« Ich glaube, sie wäre gern Barbara Cartland. Beim letzten Mal habe ich zu ihr gesagt: »Einen Roman schreibe ich erst, wenn du tot bist!« Sie hat nie wieder danach gefragt. Außerdem habe ich hinzugefügt: »Ich muss warten, bis du stirbst, weil es sehr autobiografisch wird und du ganz furchtbar sauer sein würdest.« Sie ist Löwe, und der Herrscher ihres MC befindet sich ebenfalls im Löwen. Ihr Wunsch danach, zu strahlen und öffentliche Anerkennung zu bekommen, wurde ihr nicht erfüllt, daher verlagert sie ihn auf ihre Kinder.

Marianne: Ich hatte nicht das Gefühl, offensichtlich gepuscht zu werden. Meine Mutter hatte scheinbar keine Ziele. Vielleicht waren sie auch nur unbewusst.

Howard: Die Mond/Uranus-Konjunktion ist ein Hinweis darauf, dass Ihre Mutter vom Naturell her ein uranischer Typ war. Das ist nicht gerade ein Planet, den man damit in Verbindung bringt, mit der Mutterrolle völlig zufrieden zu sein, selbst wenn er im Krebs steht. Mit Mond/Uranus-Aspekten muss man Alternativen finden, die eigene Mutterrolle zu leben, und darf nicht allein dem traditionellen Weg folgen. Man bemuttert vielleicht andere Erwachsene oder geht einem Beruf nach, in dem man Fürsorge für andere übernimmt. Mutterschaft muss nicht immer eine rein biologische sein. Das trifft auch auf Ihr Horoskop zu, Karen. Gewöhnlich denken wir daran, den Krebs-Instinkt bzw. den Mutterinstinkt für eine Familie einzusetzen. Aber wenn Krebs am MC steht, dann muss man ihn für eine öffentliche Aufgabe einsetzen, zum Nutzen der Gesellschaft, nicht nur für die eigenen Kinder.

Marianne, sagen Sie mir doch, als was Sie bisher gearbeitet haben und was so passiert ist.

Marianne: In den vergangenen zehn Jahren habe ich in einem

Bereich gearbeitet, der mit der Syndizierung von Euroanleihen zu tun hat.

Howard: Können Sie das noch Mal wiederholen?

Marianne: Mit der Syndizierung von Euroanleihen.

Howard: Ich habe keine. Sollte ich?

Marianne: Wenn Sie die Nachrichten anschauen und es wird über die Finanzmärkte gesprochen und Sie sehen die vielen Schreibtische und all die Leute, die schreiend am Telefon sitzen, dann wissen Sie, in was für einem Umfeld ich arbeite. Bis letztes Jahr hat mir das viel Spaß gemacht. Es ist ein sehr Widder-gemäßer Job, sehr nach außen gerichtet, sehr schnell. Einer meiner ehemaligen Kollegen hat uns den Spitznamen Hebammen gegeben, und ich fand das für die Mond/Uranus-Konjunktion sehr passend. Vier von uns hatten wirklich immer spitzenmäßige Ideen und wir haben auch alles umgesetzt. Aber der Bullenmarkt hat eine ganz schöne Krise hinter sich, und sehr viele Leute haben ihre Arbeit verloren. Kurz vor meiner Uranus/Uranus-Opposition kam ich eines morgens in mein Büro, um feststellen zu müssen, dass ich zwar noch einen Job hatte, aber keiner meiner Kollegen mehr.

Howard: Sie hatten noch einen Job?

Marianne: Ja, aber alle anderen waren gefeuert worden. Ich dachte, die Botschaft könnte lauten, dass ich das auch nicht länger machen sollte. Zum Zeitpunkt meiner Uranus-Opposition, also seiner halben Umlaufbahn, habe ich dann begonnen in Teilzeit zu arbeiten und mehr Zeit mit Astrologie zu verbringen. Im Moment habe ich gerade einen Beratungskurs abgeschlossen.

Howard: Ja, daran hatte ich eben gedacht.

Marianne: Ich habe die ganze Zeit das Gefühl – vor allem wegen Uranus und Neptun im Transit durch mein 12. Haus –, dass alles langsam vor sich hinbrodelt und verkocht.

Howard: Ja, es brodelt noch. Der Kochvorgang ist noch nicht ganz abgeschlossen.

Marianne: Zur Zeit kann ich noch nichts damit anfangen.

Howard: Pluto bleibt noch eine Weile auf 22° Skorpion. Ich würde außerdem warten, bis Neptun sich ganz vom Aszendenten entfernt hat, bevor ich etwas definitiv entscheiden würde. Wie sehr fühlen Sie sich von der Astrologie und dem Beraten angezogen? Gefällt es Ihnen? Denken Sie, dass es etwas wäre, was Sie ganztags machen könnten?

Marianne: Da bin ich mir nicht sicher. Weil ich eine Widder-Sonne habe, fällt es mir sehr schwer, mich auf irgendetwas lange zu konzentrieren. Ich weiß nicht, ob ich wirklich tagaus, tagein einem solchen Job nachgehen könnte und ob es sich auch finanziell lohnen würde.

Howard: Darf ich an dieser Stelle ein bisschen aufdringlich sein und Ihnen etwas vorschlagen? Vielleicht trifft es auch gar nicht auf Sie zu, und in dem Fall verwerfen Sie es einfach wieder, nachdem Sie darüber nachgedacht haben. Stark uranische Menschen tun sich nicht unbedingt einen Gefallen damit, als Vollzeit-Astrologen oder Berater zur arbeiten, weil irgendwann unweigerlich eine Zeit kommt – ganz besonders, wenn man ständig beratend tätig ist –, wo Uranus, vor allem Mond-Uranus, es müde wird, immerfort jemand anderen zu unterstützen oder auch zu viele Menschen zu unterstützen.

Marianne: Ja, das habe ich schon gemerkt. Das hat mir der Beratungskurs bereits gezeigt.

Howard: Wenn ich so etwas Kraftvolles wie eine exakte Mond/Uranus-Konjunktion im Haus der Arbeit sehe, dann denke ich – selbst wenn das Ihrem Steinbock-Aszendenten und dem Skorpion-MC widerspricht –, dass Sie möglicherweise nur teilweise als Astrologin und Beraterin arbeiten sollten, aber nicht Vollzeit. Dann bliebe Ihnen noch Zeit für etwas ganz anderes. Kannte jemand von Ihnen Pam Tyler? Sie war eine amerikanische Astrologin, die eine Weile hier gelebt hat. Sie sprach hier in der Fakultät einmal darüber, was es bedeutet, Astrologe zu sein, und sagte: »Machen Sie diesen Beruf nicht zu Ihrem Vollzeitjob. Machen Sie einen Beruf daraus, aber stellen Sie sicher, dass Sie noch etwas ganz anderes nebenher machen, damit Sie sich nicht ständig um andere Menschen kümmern oder für deren psychische Belange offen sein müssen.« Ich habe ein ähnliches Gefühl, wenn ich diese Mond/Uranus-Konstellation sehe.

Marianne: Mit dem nahenden Pluto habe ich das Gefühl, dass mein Job mir zwar viel Freude gemacht hat, dass er aber im Grunde durch meinen Wunsch, etwas zu erreichen, motiviert wurde. Ich denke derzeit darüber nach, mich um einen neuen Job im gleichen Bereich zu bewerben, aber dieses Mal denke ich: »Ich will so viel Geld wie möglich verdienen.« Ich möchte lieber Geld verdienen als von meinem Ehrgeiz motiviert werden, sodass ich hier Seminare besuchen kann.

TeilnehmerIn: Haben Sie schon einmal daran gedacht, sich mit Finanz-Astrologie zu befassen?

Howard: Es gibt eine Reihe von Astrologen, die ganz interessante Sachen auf diesem Gebiet machen. Ich würde gern noch ein paar allgemeine Dinge dazu sagen. Wenn ich so auf Ihr Horoskop schaue, habe ich den Eindruck, dass Sie Ihre Entscheidung noch eine Weile aufschieben sollten, um zu sehen, was sonst noch passiert, denn die Transite sind noch nicht ganz exakt.

Marianne: Meine Entscheidung ist bald fällig.

Howard: Ich bin der Ansicht, dass der Nordknoten in den Fischen und der Skorpion-MC, beherrscht von Pluto im 7. Haus, schon Hinweise darauf sind, dass Sie beratend oder helfend tätig sein können. Ich fantasiere mal ein bisschen: Nehmen wir einmal an, dass es einige Leute in Ihrem Arbeitsgebiet gibt, die Astrologen normalerweise für verrückt halten. Aber weil sie Sie als soliden und verlässlichen Menschen kennen, der gute Arbeit macht, könnten sie auf den Gedanken kommen, dass vielleicht doch etwas an der Astrologie dran ist, weil Sie sich damit beschäftigen. Auf diese Art und Weise bewegen Sie vielleicht Menschen dazu, zu Ihnen zu kommen, die normalerweise nicht zum Astrologen gehen würden, einzig und allein, weil sie Sie als Mensch schätzen.

Marianne: Ja, das habe ich so schon erlebt.

Howard: Sie wissen also, was ich meine. Schließlich sehen Sie nicht wie eine Verrückte aus.

Marianne: Die meisten meiner Klienten kommen aus der Finanzwelt.

Howard: Sie könnten wirklich jemand sein, der für andere neue Welten eröffnet, Dinge, für die diese Menschen normalerweise nicht aufgeschlossen wären. Auch das ist eine Aufgabe, die bestimmte Menschen haben. Zwei Dinge interessieren mich noch, wenn wir mit Mariannes Horoskop weitermachen. Das eine ist der Mondknoten. Wenn der nördliche im 2. Haus steht, dann befindet sich der südliche automatisch im 8. Haus. Was denken Sie über den Nordknoten im 2. Haus? Was glauben Sie, muss noch integriert werden? Was ist gut für Marianne?

TeilnehmerIn: Selbstwertschätzung.

Howard: Genau. Und Selbstwertschätzung kann häufig dadurch erzielt werden, dass man sein eigenes Geld verdient. In der Lage zu sein, sein Geld zu verdienen, kann einem ein Gefühl von Wert verschaffen. Es geht auch darum, seinen Wert innerlich zu empfinden und nicht vom Lob anderer abhängig zu sein, um sich wertvoll zu fühlen. Das ist ein wichtiger Lernschritt, wenn man es von innen heraus fühlen kann und niemanden mehr braucht, der einem sagt, dass man großartig ist, damit man sich gut fühlt. Der Nordknoten im 2. Haus hat auch damit zu tun, dass man sein eigenes Wertgefühl entwickelt, seine eigenen Werte. Ein Nordknoten im 2. Haus weist immer darauf hin, dass man sich am wohlsten fühlt, wenn man selbst Geld verdient hat, selbst dann, wenn man viel geerbt hat oder von anderen Menschen Geld bekommt.

Wenn der Nordknoten im 8. Haus steht, ist es genau umgekehrt. Diese Menschen sollen lernen, etwas von anderen anzunehmen, etwas zu bekommen. Die Lektion mit dem Nordknoten im 8. Haus lautet also, bereit zu sein, etwas anzunehmen. In Ihrem Fall, Marianne, schwingt dieses Thema ohnehin mit, weil Sie den Saturn im 8. Haus stehen haben. Für einige Menschen mit dem nördlichen Mondknoten im 8. Haus ist es wirklich schwer, anderen zu gestatten, ihnen zu helfen und etwas zu geben, weil sie eben den südlichen Mondknoten im 2. Haus haben und es gewohnt sind zu denken: »Es ist richtig, dass ich etwas annehme, wenn ich es selbst verdient habe.« Ich verbringe viel Zeit damit, Menschen mit dem Nordknoten im 8. Haus zuzureden: »Wenn Sie einen staatlichen Zuschuss bekommen können oder wenn Ihnen Ihre Eltern etwas geben wollen, nehmen Sie es. Oder wenn Sie einen Partner haben, der Geld hat, prima.

Sie haben den nördlichen Mondknoten im 8. Haus, und Sie sollen lernen, sich von anderen Menschen und deren Ressourcen unterstützten zu lassen.« Aber in Ihrem Fall steht der Nordknoten im 2. Haus.

Wenn ich die Venus im 4. Haus sehe, dann würde ich mir wünschen, dass Sie auch ein Privatleben haben. Sie brauchen persönliche Vergnügungen oder Dinge, die Sie einfach nur tun, weil sie Ihnen Freude bereiten, und nicht, weil Sie sie tun müssen.

TeilnehmerIn: Gärtnern.

Howard: Ja, das ist gut für eine Stier-Venus im 4. Haus. Die andere Sache, die ich noch erwähnen wollte, ist etwas, worüber wir schon kurz gesprochen haben – die Jupiter/Saturn-Opposition. Sie sehen hier, dass Marianne Jupiter auf 28° Fische stehen hat in Opposition zu Saturn auf 27° in Jungfrau. der Isabel Hickey sagte immer, dass dies gleich zwei Leben in einem wären. Damit meinte sie Folgendes, auch wenn ich nicht glaube, dass es auf Sie zutrifft: Menschen mit Jupiter in Opposition zu Saturn können eine sehr lange Phase leben, in der sie ganz Jupiter sind, wo sie Spaß haben und Abenteuer erleben. Das ist dann so, als würden sie sich mit der Jupiter-Seite identifizieren. Dann passiert irgendetwas und sie verwandeln sich in einen saturnischen Menschen, übernehmen Verantwortung und sagen: »Ich sollte zur Ruhe kommen und Verantwortung tragen.«

Das kann natürlich auch genau anders herum vonstatten gehen. Vielleicht haben Sie sehr lange Ihren Saturn gelebt – das brave Mädchen, die gute Bürgerin, so wie ein Mensch in den Augen der Gesellschaft sein sollte. Plötzlich eines Tages sagen Sie: »Ich glaube, ich lasse mal meine Jupiter-Seite zum Vorschein kommen!« Dann werden Sie etwas nachlässiger, arbeiten weniger und haben mehr Zeit für sich selbst, für Freizeit und Urlaub. Bei einigen Menschen mit Jupiter in Opposition zu Saturn läuft das in Zyklen ab. Sie sind erst sehr saturnisch und arbeiten hart und müssen dann einfach weggehen, und eine Weile zu faulenzen, bevor sie sich wieder Saturn zuwenden können. Für diese Menschen ist es häufig besonders schwer, denn wenn zwei Planeten einen Aspekt zueinander bilden, ist es nicht leicht, den einen ohne den anderen zu verwirklichen. Nehmen wir einmal an, Sie haben Jupiter in Opposition zu Saturn und Sie sagen: »Ich werde es jetzt ganz ruhig angehen lassen, am Strand liegen, den ganzen Tag Campari Orange trinken und nicht an meine Arbeit denken.« Wenn sich Saturn im Aspekt zu Jupiter befindet, dann setzen sofort solche Gedanken ein wie: »Na ja, vielleicht sollte ich ein Buch mitnehmen, damit ich ein bisschen was lerne.« Sie fühlen sich dann unter Umständen schuldig, wenn Sie sich einfach nur entspannen. Ich weiß nicht, ob Sie dieses Problem kennen, Marianne.

Marianne: Ich habe eigentlich immer das Gefühl, ich müsse etwas Nützliches tun.

Howard: Wenn Sie mit Jupiter loslegen, kommt meist Saturn und sagt: »Nein.« Das macht er sogar, wenn sie im Trigon zueinander stehen, was bei mir der Fall ist. Aber ich weiß auch, wenn ich sehr saturnisch werde und einen ganz vollen Terminkalender und viele Verpflichtungen habe, dass ich dann ständig denke: »Ach, müsste ich doch keine Verantwortung tragen.« Wenn ich dann jedoch keine Verantwortung habe, werde ich depressiv. Gestatte ich mir wirklich, Jupiter voll auszuleben, dann fühle ich mich ganz schnell schuldig oder deprimiert und muss mich daran erinnern: »Nein, du musst dich nicht schuldig fühlen, du hast dir das verdient.«

Was ich vorhin über Jupiter im Quadrat zu Saturn gesagt habe, kann auch auf Jupiter in Opposition zu Saturn zutreffen. Um sich zu entwickeln und um zu wachsen, wird harte Arbeit von einem verlangt. Man muss sich selbst herausfordern und etwas tun, das einem nicht unbedingt leicht fällt. Herausforderungen und Schwierigkeiten sind der einzige Weg zur Entwicklung.

Ich weiß nicht, ob es Ihnen bewusst ist, aber bis zum 17. Mai diesen Jahres hatten wir eine Jupiter/Saturn-Opposition am Himmel. Sie war seit Oktober 1989 mehr oder weniger exakt. Zuerst stand sie auf der Achse Krebs-Steinbock, dann auf Löwe-Wassermann. Jetzt ist sie zwar vorüber, aber für viele, viele Menschen, die ich kenne, fühlte es sich so an, als hätte ihr Wachstum in den vergangenen zwei Jahren (Jupiter) wirkliche Krisen und Schwierigkeiten mit sich gebracht (Saturn). Ohne Schwierigkeiten kein Wachstum. Wenn jemand Jupiter in Opposition zu Saturn hat und sich ihm Gelegenheiten eröffnen, dann ist damit normalerweise auch harte Arbeit verbunden oder es ist zumindest eine Herausforderung für denjenigen. Es fällt ihm auf jeden Fall nicht einfach so zu.

Marianne: Ich hatte das Gefühl, dass meine Freunde sagen würden: »Oh, du hast aber Glück gehabt.«

Howard: Nein, in diesem Horoskop ist harte Arbeit angesagt. Es sieht so aus, als würden Sie die Dinge immer besonders gut machen wollen. Das ist alles, was ich dazu zu sagen habe. Es ist nicht übermäßig hilfreich, aber Sie können sicher ein bisschen was damit anfangen. Die Dinge kristallisieren sich jetzt erst heraus. Erwarten Sie nicht, bereits jetzt alles zu wissen oder schon genau zu wissen, was Sie tun wollen.

Beispielhoroskop Andy

TeilnehmerIn: Ein Freund von mir fragte, ob wir vielleicht einen Blick auf sein Horoskop werfen könnten. Er konnte heute nicht kommen, obwohl er unbedingt an diesem Seminar teilnehmen wollte, weil er so viele Fragen zum Thema Beruf hat. Könnten wir uns sein Horoskop anschauen? Ich mache für ihn Notizen.

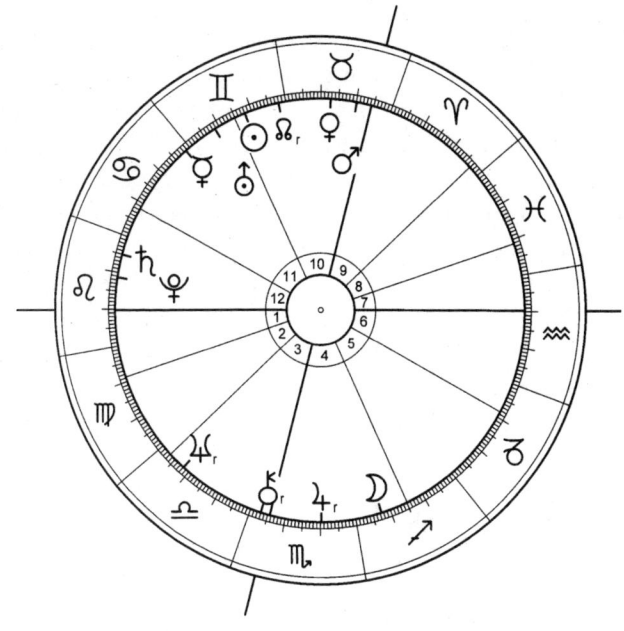

Abb. 4: Andy

Howard: Er ist jetzt 44 Jahre alt.

TeilnehmerIn: Er durchläuft gerade die Phase der Saturn-Op-
position zu seinem Radix-Saturn. Durch Autoritätskonflikte
verlor er seine letzten Jobs. Das war nicht der einzige Grund für
die Kündigungen, aber es war eines der Themen, die aufkamen.
Derzeit versucht er ein Unternehmen ins Laufen zu bringen,
weil er zur Zeit einfach nicht den richtigen Job findet.

Howard: Das heißt, er versucht sich selbstständig zu machen?
Das ist interessant.

TeilnehmerIn: Seine Frau ist dagegen, das war schon immer so.
Unter Umständen löst er sich auch aus dieser Beziehung.

111

Howard: Ich sage Ihnen mal, was mir als Erstes ins Auge springt. Der transitierende Pluto läuft gerade durchs 4. Haus. Das fällt mir sogar noch vor den berufsbezogenen Themen auf. Ich denke darüber nach, was der transitierende Pluto in Opposition zur Venus zu bedeuten hat. Dabei geht es auf jeden Fall um den Beruf, weil Venus die Herrscherin des MC ist. Aber es scheint auch wichtig zu sein, vorher innere Themen zu lösen, und das würde ich Andy auch sagen. Denn Pluto läuft über Jupiter und steht in Opposition zu Venus, daraus können sich soviel Unruhe oder innere Veränderungen ergeben, dass es vielleicht nicht gerade die beste Zeit ist, um beruflich viel Neues zu schultern – es sei denn, er hat jemanden, der ihm dabei hilft. Ein Großteil seiner Psyche soll sich nun nach innen wenden und seine inneren Konflikte klären, damit sich sein Privatleben stabilisiert. Wenn sich so vieles nach innen richtet, wie viel bleibt dann noch übrig für äußere Aktivitäten?

TeilnehmerIn: Ich denke, das passiert auf jeden Fall, zumindest, was seine Ehe angeht, die auseinander zu gehen droht. Saturn läuft demnächst auch noch über seinen Deszendenten, und derzeit versucht er, seine Eheprobleme zu klären. Diese Ehe steht schon seit vielen Jahren auf wackeligen Füßen. Er hat nur teilweise zu Hause gewohnt, kam nur an den Wochenenden nach Hause und tat dann immer, als sei alles in Ordnung. Auf einmal ist ihm dann alles um die Ohren geflogen, seine Ehe, sein Job, alles zur gleichen Zeit. Das heißt, er befindet sich derzeit in einer recht schwierigen Situation.

Howard: Das wäre eine Beschreibung für Plutos Transit durch das 4. Haus, aber er steht auch dem Herrscher des MC gegenüber. Also sind sowohl seine häusliche Situation als auch sein Beruf betroffen. Ich weiß nicht genau warum, aber ich denke die ganze Zeit, dass es für ihn wahrscheinlich wichtiger ist, sich selbst besser kennen zu lernen, mehr an seiner Persönlichkeit zu arbeiten. Vielleicht gefällt es ihm nicht, wenn Sie ihm das sagen,

112

natürlich muss er auch von irgendetwas leben. Aber es kommt mir so vor, als müsse er sich sozusagen selbst überholen lassen. Er braucht Reparatur und Wartung, dann kann er wieder hervorkommen und sich auf seinen Weg machen. Transite durch das 4., 5. und 6. Haus ziehen uns in die persönlichen Sphären unseres Lebens und nicht so sehr in die Öffentlichkeit, selbst wenn wir den transitierenden Jupiter noch mit berücksichtigen. Der steht zur Zeit im 12. Haus. Obwohl sich dieses in der oberen Horoskophälfte befindet, ist das 12. doch das introvertierteste von den oberen Häusern, vom 8. Haus einmal abgesehen. Aus dem Grunde denke ich, dass er sich selbst einer Reparatur unterziehen sollte, er sollte zum TÜV gehen und sich erst danach mit seinem weiteren beruflichen Weg auseinander setzen. Aber vielleicht geht das gar nicht, weil er Geld verdienen muss.

TeilnehmerIn: Ja, er muss schon Geld verdienen, soweit ich weiß. Aber ich glaube auch, dass er sich seiner Leidenschaft stellen muss, denn darum hat er sich bisher nicht gekümmert. Er hat stets ein aktives Arbeitsleben geführt und kam so um das Thema Leidenschaft in seiner Ehe immer drum herum.

Howard: Ja, weil er wahrscheinlich die Mars/Venus-Energie im Stier in Affären gelenkt hat, aber nicht in seine Ehe.

TeilnehmerIn: Er kam zu mir zu einer Horoskopsitzung. Eines der Themen, die dabei auf den Tisch gebracht wurden, war, wie besitzergreifend er ist. Daraufhin erwiderte er: »Ich war noch nie in meinem Leben besitzergreifend. Das ist etwas, das ich überhaupt nicht an mir kenne!«

Howard: Aber Mars steht in Konjunktion zur Stier-Venus im Quadrat zu Pluto; mit dieser Konstellation muss man etwas ganz intensiv besitzen. Wenn er das nicht auslebt, dann macht er womöglich seine Partnerin sehr eifersüchtig und besitzergreifend.

TeilnehmerIn: Daraufhin entgegnete er mir: »Ich habe eine sehr besitzergreifende Frau.«

Howard: Ich glaube, neben dem beruflichen Rat besteht ein Teil Ihrer Arbeit mit Andy als Astrologin darin, ihm psychologisch etwas auf die Sprünge zu helfen. Das kann so Grundsätzliches umfassen wie ihm zu erklären, was Projektion ist. Nennen Sie ihm einige einfache Beispiele.

TeilnehmerIn: Damit haben wir bereits angefangen. Er macht sich sogar Gedanken darüber. Das Problem liegt darin, dass das ganze Thema seiner Beziehung zu seinen Eltern noch nie auf den Tisch gekommen ist. Es ist wirklich nicht leicht, dieses Thema anzusprechen und ihm zu erklären, dass es etwas mit seiner aktuellen Situation zu tun hat, wenn jemand noch niemals darüber nachgedacht hat.

Howard: Ja, aber das ist doch fantastisch – da können Sie der Guru sein! Sie können dafür sorgen, dass er langsam darüber nachzudenken beginnt.

TeilnehmerIn: Sein Arbeitsgebiet sind Computer, und ich habe das Gefühl, dass ich es noch nicht geschafft habe, ihn mit der persönlichen Ebene des Lebens in Verbindung zu bringen.

Howard: In Ihrem Fall gilt ein bisschen das Gleiche wie bei Marianne. Es mögen viele Leuten zu Ihnen kommen, die denken: »Sie ist so eine nette, seriöse und vernünftige Frau.« Dann hören sie zu, was Sie zu sagen haben, während diese Menschen es von jemand anderem nicht unbedingt akzeptieren würden.

TeilnehmerIn: Ja, ich glaube, das stimmt.

Howard: Menschen mit Pluto im 12. Haus haben oft schreckliche Angst hinzuschauen, was in ihnen verborgen liegt, weil sie

Angst haben, dass sie von ihren Gefühlen überwältigt werden. Ich glaube auch, dass man das respektieren muss. Liz benutzt immer das Bild einer Staumauer, die das Unbewusste davor bewahrt, uns zu überfluten. Diese Mauer sollte man nicht zu schnell abreißen. Man kann mal einen Stein herausnehmen und ein bisschen Wasser durchsickern lassen, das man dann in einem Eimer auffängt und verwendet. Das meine ich mit mundgerechten Stücken. Andererseits kann ich mir vorstellen, dass Andy von seiner Psyche auch sehr fasziniert sein kann, wenn er einmal darin eintaucht, denn auch das geschieht zuweilen bei Menschen mit Pluto im 12. Haus. Zuerst verschließen sie sich davor, aber wenn die Tür einmal geöffnet wird, dann sind sie förmlich davon besessen. Er kommt dann möglicherweise mit einer Reihe von Entdeckungen über seinen eigenen Hintergrund wieder, die ihm eröffnen, warum er ist wie er ist. Möglicherweise sieht er dann sogar Dinge, die noch nicht einmal seine Astrologin erkennt.

TeilnehmerIn: Er hatte einen Traum, den er mir erzählen und von mir interpretiert haben wollte. Darauf habe ich ihm geantwortet: »Ich spreche gern mit dir über dein Horoskop, aber wenn du eine Trauminterpretation willst, dann musst du zu einem Therapeuten gehen.«

Howard: Ja, es könnte eine Hilfe für ihn sein, wenn Sie ihn in diese Richtung verweisen. Sagen Sie ihm, dass ihm das letztlich auch auf seinem Berufsweg helfen wird. Locken Sie ihn. Letztlich wird es ihm mit seiner Sonne im 10. Haus und seinem nördlichen Mondknoten im selben Haus helfen. Dann wird er denken: »Das ist wirklich eine Investition, die es wert ist, mich nach innen zu wenden und dafür zu bezahlen, denn letztlich hilft es mir auf meinem Berufsweg.«

TeilnehmerIn: Wie manifestiert sich Chiron am IC?

Howard: Was empfinden Sie selbst, wenn Sie Chiron am IC im Skorpion sehen? Welches Gefühl ruft das in Ihnen hervor?

Teilnehmerin: Ein Gefühl der Verletzung.

Howard: Ja, das muss wehtun. Chiron befindet sich dort, wo wir verletzt sind, und ihn genau am Skorpion-IC stehen zu haben, im Quadrat zu Saturn im 12. Haus, muss ziemlich schmerzhaft sein. Vielleicht ist es eine Verletzung, die sein Vater schon hatte, möglicherweise in Beziehung auf Frauen, weil der Mond ebenfalls im Skorpion im 4. Haus steht.

TeilnehmerIn: Darauf wollte ich hinaus.

Howard: Wenn wir das 4. Haus als das des Vaters nehmen und der Mond im Skorpion steht, dann verursacht ein Problem des Vaters, das dieser mit Frauen hat, einen Schmerz, und dieser Schmerz geht auch Andy etwas an, sonst würde es sich nicht in seinem Horoskop zeigen. Chiron formt auch noch ein T-Quadrat zu Mars im 10. Haus und zur Saturn/Pluto-Konjunktion im 12. Haus. Also spielt auch seine Mutter hier eine Rolle.

TeilnehmerIn: Ich glaube, Liz spricht über das 12. Haus als die Psyche der Ahnen. Das ginge dann sogar über die Verletzung des Vaters hinaus und würde bis in vergangene Generationen zurückreichen.

Howard: Ja, Liz würde sich diesem T-Quadrat ausführlich widmen. Sie würde in die gesamte Vergangenheit der Vorfahren und den »Familienfluch« einsteigen, wegen des Bezugs zum 12. und 4. Haus. Andy hat ein sehr volles 10. Haus, was natürlich darauf hindeutet, dass er hinaus in die Welt gehen und gesellschaftlich etwas erreichen muss. Aber sein Innenleben, um das er sich kümmern muss, ist genauso wichtig, inklusive der familiären Vergangenheit, und er muss in zwei Welten gleichzeitig leben. In seinem Horoskop sind beide Welten stark betont.

TeilnehmerIn: Wir haben gerade erst damit begonnen, mithilfe der Astrologie in die innere Welt einzutauchen – was ihm sicherlich sehr seltsam vorkommt.

Howard: Es ist immerhin ein Anfang.

TeilnehmerIn: Der transitierende Jupiter steht genau auf seinem Pluto. Das könnte sehr explosiv sein.

Howard: Jupiter befindet sich auf Pluto und läuft demnächst auch noch über den Aszendenten. Ich werde Ihnen sagen, wie ich mit ihm arbeiten würde. Ich würde an seinen Löwe-Aszendenten appellieren und sagen: »In Ihnen stecken so viele Tiefe und Reichhaltigkeit, so viel Potenzial, ein Mensch zu sein, der psychologisch sehr viel über sich selbst wissen könnte. Sie könnten so erfolgreich in der Welt sein, aber Sie müssen erst etwas dafür tun.« Verstehen Sie, was ich da mache? Daraufhin würde er vielleicht denken: »Mein Gott, wenn ich das tue, dann werde ich besser.« In Wirklichkeit ist es nur eine List, um ihn zu locken, denn er ist natürlich weder großartiger noch schlechter als sonst jemand auf der Welt.

TeilnehmerIn: Mit der Sonne in den Zwillingen sollte er doch neugierig sein, was ihm sein Leben so bringt.

Howard: Ja, aber es tut zu sehr weh. Da unten ist unglaublich viel Schmerz. Da liegt so vieles, was er sich nicht anschauen möchte, wahrscheinlich wollten schon seine Eltern nicht näher hinsehen und seine Großeltern auch nicht. Mit Löwe im 12. Haus handelt es sich viel um Ehrgeiz und um das Bedürfnis, es in der Welt zu etwas zu bringen.

TeilnehmerIn: Ich weiß, dass er dies möchte, aber er scheint es nicht zu schaffen. Vielleicht wäre es besser für ihn, seine eigene Firma zu haben, als für jemand anderen zu arbeiten.

Howard: Ich sage Ihnen mal, was Charles Luntz dazu schreibt. Das liest sich sehr witzig. In seinem Buch gibt es ein Kapitel, das heißt: »Sollten Sie als Selbständiger oder als Angestellter arbeiten?« Hier sind die Regeln:

Regel 1: Untersuchen Sie, was in den kardinalen, fixen und beweglichen Zeichen steht. Damit man allein wirklich erfolgreich ist, sollte es einen Schwerpunkt von Planeten auf den Hauptachsen und in den kardinalen Zeichen geben. Das trifft hier schon mal nicht zu, insofern hat Andy bei der ersten Luntzschen Regel Pech.

Regel 2: Wie viele Planeten stehen in kardinalen Häusern? Damit sieht es bei Andy nicht so schlecht aus. Die kardinalen Häuser sind 1, 4, 7 und 10. Luntz sagt, dass man für hochstehende Positionen als Angestellter, bei denen man nicht die letztendlichen Entscheidungen trifft, überwiegend Planeten in den fixen Zeichen haben sollte. Er sagt also, dass ein kardinaler Typ sein eigenes Unternehmen gründen sollte und ein fixer Typ ein sehr guter zweiter Mann ist.

Als allgemeine Regel formuliert Luntz, dass alle beweglichen Zeichen ungeeignet sind, um selbständig zu arbeiten. Dies sind eher die Menschen, die mit jedermann gut auskommen, aber sie haben nicht den nötigen Antrieb, um andere zum Arbeiten zu bewegen. Sie eignen sich nicht zur Übernahme von großer Verantwortung und sind nicht in der Lage, wichtige Entscheidungen zu treffen.

Luntz sagt außerdem, dass es den flexiblen Zeichen an Organisationstalent mangelt. In diesem Horoskop wird dies allerdings durch Löwe ausgeglichen. Aber es weist eindeutig einen Mangel an Kardinalität auf, auch wenn die Häuserbesetzung das wieder ausgleicht.

TeilnehmerIn: Nimmt Andy sich da einen zu großen Brocken vor oder fühlt er sich übermotiviert etwas zu tun, was seine Berufung oder seine Fähigkeit übersteigt?

Howard: Vorerst würde ich ihm sagen: »Kümmern Sie sich um Ihre persönlichen Angelegenheiten und lernen Sie sich selbst besser kennen, das hilft Ihnen bei Ihrer Karriere. Danach können Sie immer noch schauen, was Sie wirklich tun wollen.«

Horoskopbeispiel Gillie

Dann wollen wir uns nun Gillies Horoskop zuwenden. Zuvor muss ich Ihnen noch etwas Lustiges aus Luntz' Buch vorlesen. Er widmete ein Kapitel dem Thema, wann die beste Zeit dafür ist, sich um eine Stelle zu bewerben. So schreibt er, dass man dazu einen guten Transit-Aspekt zum Herrscher des 6. Hauses haben sollte. Wenn wir Gillies Horoskop nehmen, dann herrscht die Sonne über das 6. Haus – wir würden also nach guten Transiten zur Sonne Ausschau halten. Übrigens, Jupiter nähert sich dem Sextil zur Sonne.

Gillie: Ich habe auch noch Neptun im Quadrat dazu.

Howard: Darum kümmern wir uns gleich. Luntz sagt, dass einer der besten Aspekte, den man zum Zeitpunkt eines Bewerbungsgesprächs haben kann, der transitierende Mond im Trigon oder Sextil zum Herrscher des 6. Hauses ist. Dieser Aspekt kommt häufig vor. In diesem Fall würden Sie ein Gespräch führen wollen (ich sage nicht, dass Sie das nun tun sollen, aber nehmen wir einmal an, Sie tun es), wenn der Mond im Löwen oder im Schützen um die 17° herum steht oder wenn er sich im Wassermann oder in den Zwillingen ebenfalls um die 17° herum befindet, weil dann der transitierende Mond im Trigon zu ihrer Sonne, dem Herrscher des 6. Hauses, steht. Das ist durchaus sinnvoll.

119

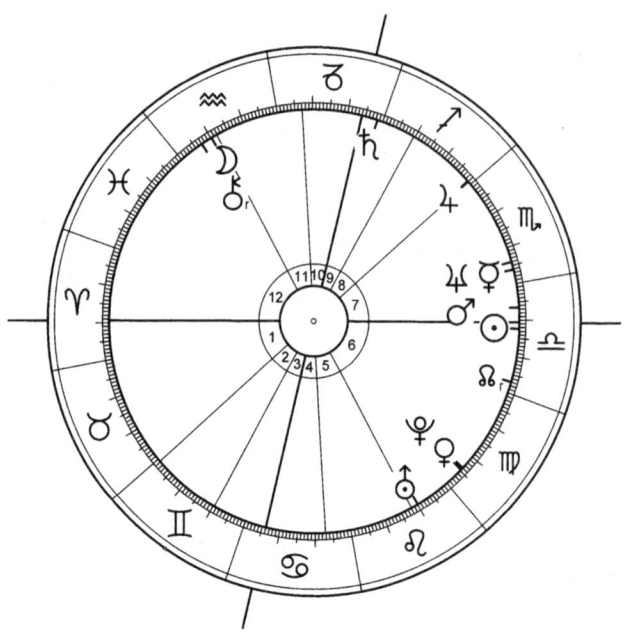

Abb. 5: Gillie

Dann schreibt er weiter – das finde ich einfach toll –, falls der Termin ein wenig vor dem exakten Aspekt zum Herrscher des 6. Hauses stattfindet, sollten Sie wissen, wie Sie Zeit schinden können! Sie könnten zum Beispiel darüber sprechen, wie gut Ihnen das Büro gefällt oder über den Bezug der Stühle, bis sich der Mond exakt im Trigon oder Sextil zum Herrscher des 6. Hauses befindet. Außerdem schlägt er vor, über das Wetter zu sprechen oder darüber, was in der Welt gerade los ist, bis der Moment kommt, in dem der Mond seinen Aspekt macht. Dann sollten Sie über die Tätigkeit selbst reden. Wer weiß?!

Wir befassen uns nur ein paar Minuten mit Gillies Horoskop, dann müssen wir zum Abschluss kommen. Ich habe mir das Radix noch nicht genau angeschaut, aber was mir als Erstes aufgefallen ist, sind die beiden vollbesetzten Häuser 6 und 7. Vielleicht beschreibt das auch die Art der Arbeit, die man ver-

120

richtet. Wenn wir den Herrscher eines Widder-Aszendenten im 7. Haus in der Waage stehen haben und sich auch die Sonne auf der Spitze des 7. Hauses befindet, dann sollte man doch über eine Arbeit nachdenken, bei der man einen direkten Kontakt zu anderen Menschen hat, mit denen man eine Verbindung eingehen muss, vielleicht indem man seine eigene Persönlichkeit so einsetzt, dass man mit anderen Menschen umgeht und sie beeinflusst.

Außerdem steht unglaublich viel im 6. Haus, der Herrscher des Sonnenzeichens befindet sich darin, die Sonne ist im 6. Haus, wenn auch schon sehr nahe an Haus 7, und herrscht über das 6. Haus. Dieses hat damit zu tun, bei einer bestimmten Sache eine große Fähigkeit zu entwickeln. Damit man sich mit einer Sonne im 6. Haus wirklich wohl fühlt, muss man eine Autorität auf einem bestimmten Gebiet werden. Man muss seine Arbeit eingrenzen, sodass man ein Spezialist in einem bestimmten Bereich wird und sich nicht im Allgemeinen verliert. Wenn zum Beispiel jemand mit der Sonne im 6. Haus Krankenpfleger werden will, würde demjenigen sagen: »Wunderbar, aber suchen Sie nach einem Bereich, in dem Sie sich spezialisieren können, denn je spezialisierter Sie werden, umso glücklicher werden Sie in Ihrer Arbeit sein.« Oder wenn jemand Sekretärin ist, sollte sie eine medizinische Sekretärin oder eine juristische Sekretärin werden. Je bewanderter Sie in einer bestimmten Technik sind und je leichter Sie eine Nische für sich finden können, umso besser geht es Ihnen damit.

Es gibt noch andere Dinge in diesem Horoskop, die mich dies fragen lassen, und ich erinnere mich gerade an etwas. Ich erkenne das Horoskop gerade wieder. Vor acht oder neun Jahren habe ich Ihr Horoskop in einem Seminar über Karma am College of Psychic Studies eingesetzt. Ich sagte damals, dass Sie in einem vorherigen Leben eine Prostituierte waren. Ich weiß allerdings nicht mehr, worauf ich mich damals bezogen habe. Habe ich so etwas nicht auch zu Ihnen gesagt?

Gillie: Ja.

Howard: Lassen Sie mich versuchen, ein Gespür dafür zu bekommen, was in diesem Horoskop los ist. Wenn ich die ganze Waage-Betonung betrachte – die Sonne und den Mars, den Geburtsherrscher –, alle im Westen am DC stehend, dann vermittelt das wirklich den Eindruck, dass Sie eine Persönlichkeit oder eine Art von Anmut haben, die vermarktet werden bzw. die in Ihrer Arbeit zum Ausdruck kommen sollte. Andere Menschen haben sie gerne um sich oder . Sie haben etwas in Ihrem Umgang mit anderen, das sehr charmant ist. Was sind Ihre Themen?

Gillie: Meine Themen sind beruflicher Natur.

Howard: Sagen Sie mir, was Sie bisher alles probiert haben und wofür Sie sich interessieren.

Gillie: Ich finde es schwierig, in meinem Körper zu sein, sodass es mir schwer fällt, eine Karriere zu planen.

Howard: Ich bin froh, dass Sie das sagen. Was denken Sie, ist mit der Sonne im 6. Haus eines der Hauptthemen für Sie in diesem Leben? Akzeptieren zu lernen, dass Sie in einem Körper stecken. Aber der Mond im Wassermann schlägt immer wieder um sich.

Gillie: Ich kann mich einfach nicht auf eine Sache einlassen.

Howard: Ich denke nicht, dass es lediglich darum geht, sich einzulassen. Eine Verpflichtung zu etwas ist schon sehr speziell. Aber sprechen Sie weiter.

Gillie: Ich zwinge mich immer zu den Dingen, die ich meine tun zu müssen, aber es kommt nie aus meinem Herzen. Ich habe niemals das Gefühl, dass ich ganz und gar körperlich mit etwas befasst bin, weil ich mich nicht ganz fühle. Verstehen Sie, was ich meine? Teile von mir gehen in die eine und andere Teile in die andere Richtung. Und am Ende lehne ich dann alles ab.

Howard: Vielleicht ist das eine Frage des Inkarniertseins. Sind Sie wirklich vollständig inkarniert? Sie erinnern sich, was ich über die Menschen sagte, die Probleme mit ihrer Karriere haben, weil sie sich auf nichts einlassen können. Sie möchten die Möglichkeiten nicht aus dem Auge verlieren und sich einer einzigen Sache zuwenden. Manchmal haben Menschen mit dieser Grundhaltung auch Probleme in Beziehungen. Das ist dann ebenfalls eine Frage des Sich-Einlassens, ein Thema des ewigen Jünglings oder des ewigen jungen Mädchens, das akzeptieren muss, dass das Leben innerhalb bestimmter Begrenzungen gelebt werden und man sich definieren muss. Das ist exakt ein Thema des 6. Hauses. Aber das 6. Haus ist das letzte der persönlichen Häuser, von daher ist es der Höhepunkt des Prozesses, sich als eigenständige Persönlichkeit zu definieren. Wenn man sich als separates Wesen bezeichnet, sagt man nämlich: »Dies sind meine Fähigkeiten, dies sind meine Fertigkeiten, hier ist meine Nische.« Ich habe das Gefühl, dass sich der Mond im Wassermann ziemlich eingeengt von all dem fühlt. Der Mond im Wassermann im 12. Haus hat eine Sehnsucht danach, entweder alles zu sein oder sich gar nicht in einem Körper befinden zu müssen. Es ist eine Sehnsucht nach dem Nicht-Körperlichen. Der Mond steht für das, wonach wir uns sehnen, das, womit wir uns wohl fühlen, und man fühlt sich mit einem Mond im 12. Haus tatsächlich wohler, wenn man undefiniert bleibt, wenn man alles ist, wenn man unendlich ist.

Gillie: Er steht in Opposition zu Uranus.

Howard: Das schaue ich mir gerade an, aber ich schaue mir auch

123

das restliche Horoskop an. Der Nordknoten steht im 6. Haus, und alle Planeten und die Sonne im 6. Haus sagen: »Deine Aufgabe ist es, in deinen Körper zu gelangen und ein reales, solides Gefühl für deine Einzigartigkeit und deine Persönlichkeit zu bekommen. Und dann finde eine Arbeit, die dies widerspiegelt.« Aber darum kämpfen Sie noch.

Gillie: Diese Art von Entscheidung fühlt sich an, als würde ich sterben.

Howard: Das ist es auch. Es ist ein Herunterkommen. Wissen Sie, ich mache Ihnen jetzt nur einen Vorschlag, vielleicht ist er auch falsch. Ich würde in Ihrem Fall mit so etwas wie Yoga herangehen, weil es etwas Spirituelles ist, aber auch den Körper mit einbezieht.

Gillie: Ich habe schon Körperarbeit gemacht, als ich als Körpertherapeutin gearbeitet habe.

Howard: Sie waren eine Therapeutin, die Körperarbeit für andere Menschen gemacht hat?

Gillie: Ja.

Howard: Das ist doch interessant, oder?

Gillie: Als Uranus über mein MC lief, wurde es mir zu langweilig und ich habe damit aufgehört. Später bin ich wieder darauf zurückgekommen.

Howard: Der Mond im Wassermann in Konjunktion zu Chiron und in Opposition zu Uranus ist die begrenzende Opposition eines schüsselförmigen Horoskopbildes. Alles andere liegt innerhalb dieser Mond/Chiron/Uranus-Opposition, und Uranus ist der führende Planet. Sie erinnern sich, der führende Planet ist oft sehr entscheidend, und Uranus zeigt sich durch Unrast und das Bedürfnis nach Veränderung.

Gillie: Ich verändere mich ständig.

Howard: Sie werden davon regelrecht überrollt, was Sie daran hindert, etwas Solides mit Ihrem 6. Haus aufzubauen. Manchmal findet man so etwas wie eine Mond/Uranus-Verbindung, was einen daran hindert, etwas Konkretes zu erreichen, weil man nicht die Bereitschaft hat, sich einzulassen oder weil man keine Autorität akzeptieren kann. Jede Art, wie Sie Ihre Energie in Ihren Körper bringen, hilft Ihnen dabei, sich selbst besser zu definieren, weil Sie dann nicht völlig bindungslos in der Außenwelt sind. Dann entdecken Sie zum Beispiel, dass Sie über sehr gute und schöne Waageeigenschaften verfügen, wie die Fähigkeit, mit vielen verschiedenen Menschen auszukommen, und zu wissen, was anderen Menschen gut tut oder sich mit ihnen auf eine Art in Verbindung zu setzen, die ihnen gut tut. Sagen Sie mir nur ganz kurz, was Sie alles bereits versucht haben. Haben Sie sich als Therapeutin ausbilden lassen? Welche Art von Körpertherapien haben Sie gelernt?

Gillie: Cranio-sakrale Therapie. Ich habe auch mit der Aura gearbeitet und Energie-Arbeit gemacht.

Howard: All dies sind Tätigkeiten, die dem 6. Haus entsprechen. Eines der Dinge, an die ich dachte, war Arbeit mit der Gesundheit und dem Körper.

Gillie: Es zieht mich immer wieder zu subtileren Tätigkeiten zurück, weg von allzu Konkretem, hin zu eher medialen Aufgaben.

Howard: Ist das eine mögliche Berufung?

Gillie: Ja.

Howard: Ich mag dieses Sich-nicht-Einlassen auf den Körper – wie gut ich das kenne! Es hat 30 Jahre gedauert, bis ich in meinem Körper angekommen bin.

Gillie: Ich bin sogar Autorennen gefahren und noch vieles andere.

Howard: Sehen Sie, wie Uranus hier in diesem Horoskop die Führung übernimmt? Was noch?

Gillie: Ich habe nicht das Gefühl, dass es mir an Veränderung mangelt. Veränderung ist allerdings recht schmerzhaft für mich. Manchmal habe ich das Gefühl, ich sollte einmal bei einer Sache bleiben.

Howard: Damit sprechen Sie ein schwieriges Thema an. Im Idealfall sollten Sie eine Sache finden, die all Ihren Aufgaben im 6. Haus entspricht, etwas, worin Sie eine Expertin werden können. Nicht nur auf oberflächliche Weise, sondern eine echte Expertin.

Gillie: Mir wird schnell langweilig.

Howard: Ja, da haben wir es wieder. Die Opposition sagt alles. Ich weiß wirklich nicht so genau, was ich sagen soll, weil es manchmal durchaus richtig sein kann, dass sich jemand ständig verändert, wenn er sehr stark uranisch geprägt ist und auf diese Art und Weise reagiert, sobald sich etwas manifestiert – wenn er es eine Zeit lang gemacht hat und es mittlerweile kennt. Vielleicht sind Sie so ein Mensch, der genau das tun muss. Aber wenn Sie damit wiederum nicht glücklich sind …

Gillie: Pluto steht zur Zeit genau im Quadrat zu meinem Mond.

Howard: Ja. Aber lassen Sie uns zuerst noch einmal auf Neptun im Quadrat zur Sonne zurückkommen. Ich bin neugierig, was das Quadrat von Uranus und Neptun zur Sonne aus dem 10. Haus bringen wird. Da scheinen berufliche Veränderungen in der Luft zu liegen. Dann haben wir noch Pluto im Skorpion, dessen Quadrat zu Mond und Chiron gerade beginnt. Um ehrlich zu sein, Gillie, ich bräuchte mehr Zeit, um Ihrem Horoskop wirklich gerecht zu werden, und wir haben leider keine mehr.

Gillie: Es war trotzdem hilfreich, weil mir nicht klar war, wie stark man sein muss, um an einer Sache dranzubleiben, sich dafür zu entscheiden und es dann auch zu tun.

Howard: Mit Venus, der Herrscherin Ihrer Sonne in der Jungfrau im 6. Haus müssen Sie irgendein Thema tiefer durchdringen, um sich wirklich wohl zu fühlen. Das Problem liegt wohl darin, sich für etwas zu entscheiden und dann das Interesse lange genug aufrechtzuerhalten. Vielleicht sollten Sie einmal sagen: »So, Uranus, ich fühle dich jetzt und du machst mich unruhig. Ich möchte am liebsten etwas anderes tun, deswegen nehme ich mir jetzt die Zeit und mache etwas anderes. Aber macht euch keine Sorgen, Jungfrau und Saturn, ich komme später wieder auf das zurück, was ich bisher getan habe.« Sie können Pausen einlegen, aber Sie sollten vielleicht lieber auf etwas einmal Begonnenes zurückkommen als eine Reihe nur halb erledigter Dinge zurückzulassen, was ein typisch uranisches Problem ist. Sobald etwas körperlich wird und eine Form erhält, ist es nicht so ideal wie Uranus es sich gedacht hat. Uranische Menschen haben eine Vorstellung vom idealen Beruf oder der idealen Beziehung, aber dann, wenn sie den Beruf tatsächlich ausüben, entspricht er diesem Ideal nicht mehr und sie sagen: »Ich lasse das lieber und suche nach etwas idealerem.« Auf diese Art und Weise lassen sie eine Menge unerledigter Dinge hinter sich zurück.

Ich sehe darin aber auch ein Talent. Wenn Sie sich wirklich auf eine Sache konzentrieren, können Sie diese sehr, sehr gut machen. Sie brauchen jedoch die Herrschaft über diesen Uranus, ohne ihn zu unterdrücken. Ich frage mich, jetzt, wo Pluto in das Quadrat zu Ihrer Mond/Chiron/Uranus-Konstellation läuft, ob es da nicht vielleicht jemanden geben wird, den Sie treffen werden, denn Pluto läuft durch das 7. Haus. Das muss nicht unbedingt eine Liebesgeschichte sein – es könnte sich auch um einen Freund oder einen Therapeuten handeln. Diese Zeit eignet sich unter Umständen sehr gut für eine Therapie mit jemandem, der Ihnen helfen kann, das Muster der Mond/Uranus-Opposition zu verändern. Die Mond/Uranus-Konstellation muss sich wandeln, wenn Pluto sich ihr nähert.

Wenn man Transite auf eine begrenzende Opposition eines Horoskops in Schalenform erlebt, dann ändert sich wirklich etwas. Bei einem Quadrat zum führenden Planeten wird man ordentlich durchgeschüttelt und glaubt, man müsse alles anders machen als vorher. Es ist, als würde man in die Luft geworfen und dann muss man schauen, wo man landet. Ich würde es Ihnen wünschen, irgendwo zu landen, wo Sie etwas finden, was Ihren Nordknoten im 6. Haus widerspiegelt – wo Sie etwas in aller Tiefe und im Detail erkunden und lange genug dabeibleiben, um richtig gut darin zu werden, selbst wenn Sie zwischendurch immer mal wieder eine Pause einlegen müssen.

Standardwerke der Astrologie

HOWARD SASPORTAS

Die Mondknotenachse

Der Schlüssel zum Horoskop
128 Seiten, Broschur, 2 Abbildungen

ISBN 3-9252100-80-6

Die Mondknoten werden aus der Bewegung von Sonne, Mond und Erde abgeleitet. Sie zeigen die Spannung zwischen Vergangenem und neuen Qualitäten oder Entscheidungen. Zwischen instinktivem Handeln, das sehr früh in unserem Leben geformt wurde, und vernünftigem Handeln. Die Spannung, die die Mondknotenachse beschreibt, hilft uns den Willen zu entwickeln. Wir müssen diese Achse integrieren und die Mondknoten in eine harmonische Beziehung zueinander bringen. Dann werden sie der Schlüssel zum Leben.
Sasportas gibt Deutungen für die Mondknotenachse in Zeichen und Häusern. Er gibt Beschreibungen zu den Winkelverbindungen, zu den Transite und beim Partnerschaftsvergleich.

Sasportas grenzt sich deutlich von allzu spekulativen Mondknotendeutungen ab und vermittelt den Lesern eine lebenspraktische, psychologische Perspektive der Knotenachse. Es ist sympathisch, dass Sasportas weder den absteigenden Mondknoten abwertet, noch den aufsteigenden glorifiziert, sondern beide als gleichwertige Pole eines gemeinsamen, verbindenden Themas sieht.   *Meridian 3-2003*

CHIRON VERLAG

Standardwerke der Astrologie

HOWARD SASPORTAS

Uranus, Neptun und Pluto im Transit

Die Götter des Wandels
430 Seiten, Hardcover

ISBN 3-89997-120-5

Einschneidende Veränderungen und Krisen in unserem Leben werden meist durch Übergänge von Uranus, Neptun oder Pluto über wichtige Punkte im Horoskop angezeigt: Sie sind Wendepunkte in unserem Leben und bewirken Wandlungen. Howard Sasportas verbindet bei der Darstellung der transsaturnischen Transite tiefenpsychologische Kenntnisse mit der langjährigen Erfahrung seiner astrologischen Praxis. Er beschränkt sich nicht darauf, mögliche Wirkungen zu veranschaulichen, sondern er beschreibt, wie wir möglichst konstruktiv mit diesen Lebenskrisen umgehen, wie wir sie als Chancen für Wachstum und Persönlichkeitsentwicklung nutzen können.

Dieses Buch ist für mich eines der wertvollsten Astrologiebücher in meinem Regal. Es ist nützlich und zugleich inspirierend. Es bietet dem Leser keine grässlichen Vorhersagen. Stattdessen erhalten sie großartige Anregungen, wie Sie sich auf dieses manchmal schrecklichen Transite der äußeren Planeten besser vorbereiten können und diese in den Griff bekommen.   *www.cafeastrology.com*

CHIRON VERLAG

Standardwerke der Astrologie

LIZ GREENE UND
HOWARD SASPORTAS

Die Entfaltung der Persönlichkeit

durch psychologische Astrologie

370 Seiten, Hardcover
ISBN 3-89997-130-2

In diesem Buch zeigen Ihnen die Autoren
erstmalig Wege und Methoden, um weit
reichende tiefenpsychologische Strukturen und Prägungen im
Horoskop zu erkennen. In vier Hauptabschnitten werden folgende
Persönlichkeitselemente erfasst:

– Frühkindliche Prägungen
– Elterliche Ehe und eigenes partnerschaftliches Verhalten
– Verdeckte Persönlichkeitsstrukturen
– Der Konflikt zwischen Jugend und Alter

In jedem Kapitel wird in gut verständlicher Weise die Psychologie
dieser verborgenen Strukturen vorangestellt, gefolgt von einer ein-
gehenden Darstellung astrologischer Methoden, mit denen Sie diese
Persönlichkeitselemente im Horoskop aufspüren können.

CHIRON VERLAG

Standardwerke der Astrologie

LYNN BELL, DARBY COSTELLO,
LIZ GREENE UND
MELANIE REINHART

Mars im Horoskop

414 Seiten, gebunden, 32 Abbildungen

ISBN 3-89997-115-9

Mars, benannt nach dem antiken Kriegs-
gott, wird meistens mit Aggression und
Gewalt in Verbindung gebracht. In der mit-
telalterlichen Astrologie galt er sogar als Unglücksbringer. Aber
ohne die Energie und Antriebskraft des Mars wären wir passive Opfer, weil wir unfähig wären, uns zu verteidigen oder zu unseren
Überzeugungen zu stehen. Ob wir Mars im individuellen Horoskop
oder als eine dynamische Energie in der Gesellschaft ansehen, immer
ist es wichtig, sich mit dieser archetypischen Kraft auf positive Weise
in Beziehung zu setzen. Die vier Autorinnen zeigen Mars von seiner
besten und seiner schlechtesten Seite und beleuchten alle Facetten
dieses schillernden Planeten. Auf diese Weise erfahren Sie, wie wichtig es ist, dass Sie sich nicht vor seiner Kraft fürchten, und wie Sie mit
den Marsqualitäten bewusst und kreativ umgehen können.

*»In der Astrologie gibt es eine Tradition, die Mars gerne zum Übel-
täter abstempelt. Bis heute gab es jedoch noch kein Buch, das sich
ausschließlich mit Mars befasste und dabei seine hintergründige psychologische Dynamik so intensiv untersuchte.«* The Horoscope

CHIRON VERLAG

Standardwerke der Astrologie

BRIGITTE HAMANN

Ihr Lebensziel

*Die IC/MC-Achse und
der Lebenssinn im Horoskop .
288 Seiten, Broschur, 7 Abbildungen*

ISBN 3-925100-73-3

Das Lebensziel wird im Horoskop meist an der Stellung des Medium Coeli (MC) abgelesen. Die Vorstellung, dass wir uns von einem Ausgangspunkt, dem Imum Coeli (IC), auf dieses Lebensziel zu bewegen und dass das MC somit das Ergebnis und die Erfüllung dieses Zieles darstellt, ist jedoch unzureichend. Aufgrund intensiver Studien kam die Autorin zu einem bahnbrechenden Ansatz: Das Lebensziel liegt im Ausgleich der Gegensätze, in der Mitte zwischen beiden Polen. Das IC enthält unser schöpferisches Potential. Am MC finden Sie die ergänzenden Eigenschaften, Verhaltensweisen und Themen die Sie benötigen, um dieses Potential in seiner besten Form verwirklichen zu können. Außerdem gibt es einen Fluchtpunkt. Dieser beschreibt wichtige Vermeidungsstrategien, die wir anwenden, um unseren Lernthemen auszuweichen.

Die Autorin beschreibt die spirituellen, psychologischen und astrologischen Deutungsgrundlagen der beiden Gegenpole. Dabei kommen dem IC und dem 4. Haus eine tragende Rolle zu, denn dort ist das, »was unsere Welt im Innersten zusammenhält.« Die zwölf Lebensziele sind in einer anschaulichen und eingängigen Sprache beschrieben.

Da dieses Buch nicht nur Konstellationen beschreibt, sondern auch eine Fülle an Anregungen zur Umsetzung gewonnener Erkenntnisse in das Tägliche Leben enthält, ist es nicht nur für fortgeschrittene Astrologen eine bereichernde Lektüre, sondern auch gerade für Astrologie-Einsteiger.   *Meridian*

CHIRON VERLAG

Standardwerke der Astrologie

BRIGITTE HAMANN

Das innere Kind
im Horoskop

Die Entwicklung des Wesenskerns
aus astrologischer Sicht
300 Seiten, Hardcover
ISBN 3-89997-135-3

Das innere Kind ist die Kraft in uns, die nach
Erfahrungen und Sinn sucht, aber auch der
Spieltrieb des Menschen und seine Glücksfähigkeit. Häufig lässt sich
dies alles aber nicht optimal leben, weil das innere Kind verletzt ist.
Die andere Grundkraft ist der innere Erwachsene, der für Gestaltung
sorgt und Energie in konkrete Bahnen lenkt. Diese Kraft kann uns
einerseits Orientierung geben oder aber eine Vielfalt von Verboten,
die unser inneres Kind einschränken. In diesem Buch erhalten Sie
nicht nur eine tief gehende Betrachtung dieser Persönlichkeitsaspekte.
Die Autorin verbindet diese gekonnt mit der Astrologie und beschreibt für jeden leicht nachvollziehbar die zwölf Erlebensformen
des inneren Kindes und des inneren Erwachsenen. Mit Hilfe des
Horoskops können wir die andere Seite in uns, Verletzungen und
Abwehrstrategien schnell erkennen. Brigitte Hamann belässt es aber
nicht nur bei der bloßen Beschreibung, sondern vermittelt dem Leser
auch Übungen, damit Sie mit dem inneren Kind in Kontakt treten
können und vor allem, um diesen Kontakt aufrecht zu erhalten.

CHIRON VERLAG

Standardwerke der Astrologie

INGRID ZINNEL

Familienkonstellationen im Horoskop

*Verstrickungen und Lösungen
aus astrologischer Sicht
264 Seiten, kartoniert, 10 Abbildungen*

ISBN 3-925100-938

Das Buch von Ingrid Zinnel bietet eine Zusammenführung der Astrologie mit der Arbeit des Familienstellens nach Bert Hellinger. Auf einfühlsame Weise ermöglicht sie den Lesern, systemische Strukturen im Horoskop zu erkennen und Familienkonstellationen zu erforschen. Dabei ist es ihr wichtig, nicht nur Verstrickungen aus dem Horoskop herauszulesen, sondern auch gleichzeitig Lösungswege aufzuzeigen. In einem einleitenden Kapitel werden zunächst die Grundsätze der systemischen Familientherapie erläutert. Anschließend wird das Horoskop als Familienbild aufgeschlüsselt. Dabei stellt die Autorin die Planeten als Symbole ins Zentrum einer Analogiekette. So lassen sich beispielsweise Verstrickungen anhand der Pluto-Stellung erkennen. Neptun verweist auf Familiengeheimnisse und Bindungen aus dem Jenseits, Uranus auf die Ausgegrenzten innerhalb der eigenen Sippe. Der Autorin ist es aber auch wichtig, nicht nur Verstrickungen herauszulesen. Vielmehr zeigt sie dem Leser immer auch Lösungswege und gibt Anweisungen für Lösungs-Rituale.

Ein wertvolles Buch für alle Leser, die den Schatz der Familiengeschichte und ihrer Herkunft mit Hilfe der Astrologie ausgraben, verstehen und bearbeiten möchten. *Meridian*

CHIRON VERLAG

Aspekte der Astrologie

BEATRIX BRAUKMÜLLER

Berufsanalyse mit dem Horoskop

Vom richtigen Beruf zur wahren Berufung
110 Seiten, Paperback, 12 Abbildungen
ISBN 3-925100-49-0

Wie können wir am besten herausfinden, zu welchem Beruf wir uns wirklich eignen oder berufen fühlen, und in welcher Hinsicht wir Kompromisse eingehen sollten? Wie erkennen wir unsere wahre Berufung? Es ist nicht immer leicht, den passenden Beruf zu finden, denn es treten oftmals Schwierigkeiten bei der Berufswahl auf, die einerseits durch die wirtschaftliche Situation bedingt sein können und andererseits aus den Schwankungen zwischen dem Berufswunsch und den wahren Anlagen und Fähigkeiten resultieren. Unsere wahre Berufung stellt sich meistens erst in späteren Lebensjahren heraus. Aber wie unterscheiden wir Beruf und Berufung anhand der Konstellationen im Geburtshoroskop? Die Autorin zeigt, wie man in 7 Schritten vorgeht bei der Berufsanalyse im Horoskop. Anhand von praktischen Beispielen führt sie dem Leser vor, wie wir am besten herausfinden, zu welchem Beruf wir uns wirklich berufen fühlen.

»Sie gibt gut verständliche Anleitungen zu einer Berufsanalyse in sieben Schritten, die an jedem Horoskop leicht nachzuvollziehn sind. Braukmüller genügt es nicht, das 10. Haus zu betrachten - zahlreiche weitere Faktoren werden mit ein bezogen. Die Autorin vermeidet auch sonst jeden Schematismus und verzichtet auf die stets einseitigen Rezeptabschitte. Gerade deshalb ist ihr Buch so brauchbar und praxisnah geworden.« Meridian 4/2000

CHIRON VERLAG